JN318142

経済の
サービス化と
産業政策

松本源太郎 [著]

北海道大学出版会

はしがき

　21世紀に入って，わが国の少子高齢化はますます差し迫ったものとなっている。とくに，経済活動がグローバル化しているなかで，人口の高齢化が及ぼす社会・経済的影響は計り知れなく大きなものとなろう。年金をはじめ社会保障制度の改革，女性や高齢者の雇用環境の整備にとどまらず，社会システム全体の変革が求められ，政策的対応が必然である。少子高齢化がわが国社会・経済に及ぼす影響についてはさまざまに取り上げられてはいるが，経済のサービス化についてはどうであろうか。「もの」づくり中心だった産業構造は急激に高度化し，サービスを中心とした「非もの」づくりのウェイトが大きくなっているだけではなく，ものとサービスとの関係が従前とは大きく異なってきている。就業者に要求される能力も変化しており，われわれは経済主体としての対応を迫られている。

　筆者は，最近のわが国経済が抱える問題，われわれが認識し解決に向かわなければならない課題は，少子高齢化と経済のサービス化が同時に進行していることに起因しているのではないかと考えている。たとえば，2000年2月に最悪の4.9％を記録した完全失業率が，景気がやや回復したといわれた同年9月においても4.7％と高止まりしているが，女性の完全失業率が4.5％であるのに対して男性のそれは4.8％である。完全失業者のなかでも，1年以上の(長期間の)非自発的失業者は1984年以来の最高水準となり，45歳以上のそれは全体の46.2％にも及び，いわゆる中高年の雇用環境がますます厳しいものとなっている。

　これらの現象は，わが国の産業構造はもちろん，労働力の種類(職能・職種)についてもその需要が急激に変化していることによるものではないだろうか。このような理解に基づき，わが国経済がサービス化していくなかで，

産業構造や職業構造はどのように変化し，それら変化を促したこれまでの産業政策の特徴は何か，そしてこれからの国および地域の産業政策はどうあるべきかが本書の主要課題である。

全体は7章からなり，第1章「経済のサービス化とマクロ経済」，第2章「イギリスにおける『脱工業化』と経済成長」，第3章「サービスともの部門の相互依存」，および第4章「経済のサービス化と職業構造」が，経済のサービス化に伴うマクロ経済的問題および産業の相互依存関係の問題を扱っている。そして第5章「戦後の産業政策—通産省の産業政策を中心として—」，第6章「産業の調整援助政策」，および第7章「地域の産業政策立案に向けて」が，わが国の産業政策の特徴とその役割を分析し地域における新たな産業政策を考える部分である。

日本の戦後の高度経済成長は，「工業化」によってもたらされたといえる。工業の再建による経済復興，輸入代替からさらに輸出促進のための重化学工業化，続いて機械，自動車などの加工組立型産業の発展があり，さらに電子機器を中心にした工業製品の高付加価値化が進んだ。海外からの積極的な技術の導入にもより技術進歩は急速で，終戦当時およそ5割近くに及んだ第1次産業就業者が工業部門へ移動することによって，工業化による経済成長が可能となったのであった。

しかし，第1次産業からの労働力の移動先，また，新規労働力の吸収部門としては，第2次産業よりも第3次産業の方が圧倒的に大きな役割を果たしたこともまた事実である。1950年当時21.61％の第2次産業就業者比率が上昇を続け，およそ37％弱の最大値を記録したのが70年代半ばで，その後微減の傾向にある。それに較べて第3次産業就業者比率は，50年時点の28.19％から一貫して増加し続け，現在では60％を超えるにまで至っている。また，サービス業就業者数も，95年にはじめて製造業就業者数を超えた。産業部門別生産額比率でみても，この傾向は同様である。本書では，わが国経済のこのようなサービス部門活動の拡大を指して「経済のサービス化」と呼んでいる。

このような産業構造の急激な変化は，国民生活の広範な部分に影響を及ぼ

さずにはおかない。たとえば，生産に必要とされる労働力の特性（特定の技能など），パートタイマーなどの雇用形態と労働組合との関係，企業規模分布や業種間格差の変化，「起業」条件の変化などによる産業組織の変化，非営利組織の役割の拡大，地域的な労働配分，さらには人々の労働観などである。それに何よりも，サービス部門のウエイトの増大は，工業化による発展の時代に較べて経済成長率を低下させるのではないかという，経済成長率の収斂仮説につながるみかたもある。工業部門は規模の経済性が実現でき，生産性の高い工業部門の拡大による国民経済全体の成長が期待できる。これに比してサービス部門の各産業はその商品特性から，生産性が低いだけでなく生産性上昇が期待できずにサービス化は経済成長にマイナスに作用するのではないかというのである。たしかに，わが国の経済成長率はサービス化の進展と歩を合わせるようにシフト・ダウンしている。

　ところでわれわれは，工業部門のシェアの低下が経済全体の沈滞に結びついた事例をイギリスにみることができる。イギリスでは，1960年代の半ばから工業部門の活動が急速に収縮し，サービス部門のウエイトが高まった。しかし，サービス部門の拡大は工業部門から吐き出された労働者を吸収するには不十分なもので，失業者が急増し，「ネガティブな脱工業化」であったとされる。それでも，金融を中心とするサービス取引に国際競争上の比較優位性をもつイギリスは，サービス部門が工業部門の落ち込みをかなりの程度カバーし，経済の再生が図られてきている。経済のサービス化に伴うマクロ経済のパフォーマンスの変化は，Fuchs(1968)の包括的研究によるように，アメリカにおいてもみられるところである。しかし，国土・資源，地政学的要因と歴史を考慮して，わが国のサービス化を考える場合の適切な参考事例としてイギリスを選び，イギリスの脱工業化についての分析と評価を第2章で論じた。

　イギリスにおけるサービス部門の役割の増大は，雇用や貿易収支にとどまらず，産業の高度化・商品の高付加価値化に結びつくような中間投入の側面にもあらわれている。脱工業化・サービス化の過程で，産業部門間の相互依存関係が大きく変化してきているのである。筆者はこのことをすでに，

"Deindustrialization in the UK : a comparison analysis with Japan" として *International Review of Applied Economics*, Vol. 10, No. 2, 1996 に発表した。わが国においても，サービス化経済のもとで産業の高度化を実現できる，産業の新たな相互依存関係が求められるから，第3章では産業連関分析の手法を用いてこれを分析し，イギリスと比較して興味ある結果を見出した。

さらに，経済のサービス化に伴って生じる産業の相互依存関係の変化は，当然，個別労働力の機能の変化を促し，それは就業者が従事する産業・職業のウエイトの変化となってあらわれる。サービス化の進行は，一方で高度な専門知識をもち生産性向上につながる職種の従事者を増すが，他方で，低生産性・低賃金の"bad jobs"従事者の増加を招くことも予想され，事実アメリカではその傾向が指摘されている。このような観点から，わが国の産業政策が目指す産業の高度化・知識集約化が就業者の産業間・職業間移動を通じてどのように実現されているか，あるいは北海道のような地域経済についてはどうかという問題を第4章で設定し，「産職マトリックス」を用いた長期間にわたる分析から，サービス部門のウエイトの高い北海道がかえって全国の動向に比して好ましくない状況にあるという結果を得た。

以上までが，経済のサービス化に伴うマクロ経済的観点，産業の相互依存関係からの分析である。次の課題は，わが国の産業政策の性格と果たしてきた役割を分析し，サービス化経済において求められる，新たな産業政策を考えたいということである。これまでは，わが国の産業政策は，政・官・財の強固なトライアングルを背景に民間の経済活動をリードしてきたように考えられる向きも多かった。鉄鋼業のように，政府の行政指導を前面に押し立ててカルテル体制を築き「業界秩序の維持」に努めて利益を確保してきた産業は少なくない。しかし，産業界は，一貫して行政主導の産業再編には抵抗してきたし，70年代以降のリーディング・カンパニーは，行政の思惑に抵抗して強気な予測をもち，積極的な企業戦略を遂行し成功した企業である。

サービス化が進行しているわが国においても，とくに第1次石油ショック以降，製造業の高度化・商品の高付加価値化は産業政策の主要課題となって

いる。戦後，特定産業の保護と育成に主眼をおいて国際競争力の強化を図ってきた産業政策は，わが国が国際経済のトップ・ランナーの1人となった時点で大きな転換を迫られているのである。筆者は，このような政府の産業政策と企業との具体的な関わりや相克から戦後の産業政策の特徴を分析したものを，すでに "The Work of the Ministry of International Trade and Industry" として Keith Cowling and Roger Sugden, eds., *Current issues in industrial economic strategy*, Manchester University Press, 1992(第9章)に発表した。第5章では，従来の産業育成政策の分析と評価に加えて，政府の参入阻止的指導にもかかわらず，なぜそしてどのように新規参入が成功したかを，伝統的な参入阻止価格の理論を拡張することによって分析している。

　ところで，これまでのわが国産業政策に関する研究は産業の保護・育成政策に関するものが多く，衰退産業の調整援助政策についての分析は比較的少ない。しかし労働力をはじめ，有限な資源を将来有望な産業へ誘導する政策は，その背後で，衰退産業から資源をいかにコストをかけずにスムーズに移動させるかという産業調整に対する政策も必要とする。産業調整援助政策は，石炭や繊維といった個別の衰退産業に対する「なだらかな調整」あるいは合理化・近代化による「産業再編」から，より広範な「構造不況産業」を対象としたものへと変化してきた。産業調整による資源の移動は，地域経済の動向を大きく左右するから，調整援助政策は地域政策としての性格を極めて強くもつ。そのため，産業調整援助政策は，多様な地域対策を伴ったものとして整備されてきた。企業による資源配分に対する援助政策が，地域経済の維持にまで一定の役割を果たすものとなってきたわけである。このような理由から，当初は時限法によった産業調整援助政策は，時限内に初期の目的を達成することができず，法の改訂を繰り返して延長され，調整コストは累増してきている。これは，政策の時間的整合性に欠けていることを示しており，産業調整援助政策を根本的に見直さなくてはならない。これらの問題が，第6章で論じられている。

　産業政策は，直接的・間接的を問わず，政府が市場に介入して資源配分の望ましい調整を行うものである。産業構造の変化を通じた資源配分は，地域

経済に大きな影響をもたらすことは避けられない。マクロ的に有益と思われる資源配分が地域経済に等しく利益をもたらすという保証は何もない。そうであれば，マクロ的な産業構造の変化の方向を正しく踏まえた地域の産業政策のあり方が求められることは当然である。それゆえ，北海道を例にとり，以上の分析を応用して，地域経済の発展に資する産業政策を，どのように立案してゆくべきかという方向性を探ることを最後の課題とした。

　本書は，前掲の2編の英語論文の他，北海道大学『経済学研究』, Hokudai Economic Papers, および札幌大学『経済と経営』にすでに発表した論文，1997年1月に専修大学社会科学研究所で発表させていただいた「英国経済のサービス化」(未公刊)をベースとしてはいるが，分析期間を延長するなどすべて大幅に書き換え，新たな研究を加えて編集し，1つに纏めた博士号論文をさらに修正したものである。ただし，第3章と第4章で用いた1次データの期間をそろえることが困難で，分析期間に多少のズレがあることも止むを得ないことであった。また，バブル経済の崩壊に続く長期不況をサービス化の視点から分析することも叶わなかったが，それらは筆者に残された課題であるとし，本書の刊行を新たな研究の出発点としたい。

＊　　＊　　＊　　＊　　＊

　私が本書の刊行にたどり着くまでには，実に多くの方々のお世話になった。札幌大学の林照健教授が背中を押して下さったことにより，私は研究者を目指して歩み出すことができた。はじめての大学院生として浅学非才の私を受け容れて下さり，身をもって研究者のあり方をご教示いただいた小林好宏教授をはじめ，白井孝昌先生，内田和男先生など北海道大学の諸先生や仲間からは，文字通り手をとるようにして経済学を教わることができた。とくに小林先生は，研究の方向を示唆していただいただけでなく，多忙な時間を割いて本書の草稿に貴重なコメントを下さった。

　産業組織論の勉強を始めた当時には，短期間ではあったが今井賢一先生に大学院で教わることができたし，宮澤健一先生は，第3章のもととなった前

掲英語論文において，分割した産業連関分析の手法を脱工業化の分析に用いる仕事を激励して下さった。一橋大学の後藤晃先生にも，1992年夏の英国Warwick大学のコンファレンスで直接謦咳に接することができた。産業組織論の分野で活躍されるこれらの先生に接しえたことは，ともすれば狭い殻に閉じこもりがちな性癖の私にとって，大いに刺激となった。また，Warwick大学留学中に，K. Cowling教授やBirmingham大学のR. Sugden教授は，論文の発表と出版の機会を与えて下さった。その他，多くの先生から，学会や研究会における討論をはじめ，手紙等によるやりとりを通じてご教示いただいた。この機会を借りて篤く感謝申し上げたい。

また，私事にわたって恐縮だが，樺太から引き揚げて無一物となった苦しい生活のなかで4人の子を育て，貧しくとも正直に生きた父と母は，受験に失敗して人生の目標を失いかけていた私に私立大学で教育を受けるという格別の贅沢を許してくれた。改めて両親・家族から受けた恩を想い，本書を母静枝と亡き父壽次にささげたい。

さらに，行き先の定まらない不安な時代から，私に寄り添ってくれた妻美千子と美雪・憲・望に囲まれた団欒がどれほど心の糧となったかしれない。このように，私はなんと多くの人々に支えられて生きてきたのか，本書の刊行にあたって思いを深くせずにはおられない。もしも，本書が学会の一隅に置かれることが許されるとすれば，それはひとえにこれらの人々のご援助の賜物である。

付記　本書の刊行にあたり，「平成13年度札幌大学学術図書出版助成」の援助を受けた。また，北海道大学図書刊行会の前田次郎氏と今中智佳子さんは，出版にあたって多大な労力を傾注して下さった。記して感謝します。

目　次

はしがき

第1章　経済のサービス化とマクロ経済 ……………………………………1

1.1　産業構造のサービス化　1
1.2　サービス化とマクロ経済　5
1.3　「もの」と「サービス」　14

第2章　イギリスにおける「脱工業化」と経済成長 ………………19

2.1　はじめに　19
2.2　イギリスにおける産業構造の変化と経済成長　23
2.3　成長会計からみたイギリスの経済成長　26
2.4　サービス経済化―脱工業化―の仮説　29
　　(1)　経済の成熟化仮説(The Maturity Thesis)　29
　　(2)　国際分業における特化仮説(The Specialization Thesis)　31
　　(3)　失敗仮説(The Failure Thesis)　33
　　(4)　政府部門の肥大化仮説(Too Few Producers Hypothesis)　35
2.5　産業構造変化の数学モデル　36
2.6　むすびにかえて　41

第3章　サービスともの部門の相互依存 …………………………………47

3.1　はじめに　47
3.2　経済構造の変化と生産性　49
　　(1)　産業分類の定義：サービス部門　49
　　(2)　部門別生産の変化　50

　　　　(3) 経済の成熟化仮説とサービス部門の生産性　52
　3.3　もの部門とサービス部門との相互依存関係　58
　　　　(1) 脱工業化とサービス部門　58
　　　　(2) 企業の調整と経済のサービス化　59
　　　　(3) 経済のサービス化と産業連関　61
　3.4　むすびにかえて　66

第4章　経済のサービス化と職業構造　73

　4.1　は じ め に　73
　4.2　全般的な動向　76
　4.3　経済構造の変化と産職マトリックス　82
　4.4　職業構造の変化——産業効果と職業効果——　95
　4.5　むすびにかえて　103

第5章　戦後の産業政策——通産省の産業政策を中心として——　107

　5.1　は じ め に　107
　5.2　戦後日本の産業政策——概観——　109
　　　　(1) 復興期(1945年～50年代半ば)　111
　　　　(2) 高度経済成長期(1950年代半ば～60年代)　112
　　　　(3) 安定成長への移行期(1970年代前半から)　118
　5.3　産業政策の性格　120
　5.4　国産コンピュータの育成政策　124
　5.5　産業政策と新規参入　128
　　　　(1) 静学モデル　129
　　　　(2) 動学モデル　131
　5.6　むすびにかえて　136

第6章　産業の調整援助政策　141

　6.1　は じ め に　141
　6.2　産業保護・育成政策モデル　143
　6.3　産業調整援助政策　149

(1)　地域間の資源配分と産業調整援助政策　149
　　　(2)　石炭鉱業，繊維産業の調整援助政策　152
　　　(3)　「特安法」と「産構法」　155
　　　(4)　アルミニュウム精錬業　161
　　　(5)　「産構法」から「産業再生法」へ　162
6.4　調整援助政策の時間的非整合性　167
6.5　むすびにかえて　170

第7章　地域の産業政策立案に向けて　175

7.1　はじめに　175
7.2　サービス化と地域の産業連関　177
7.3　むすびにかえて　182

参考文献　189
索　引　197

第1章　経済のサービス化とマクロ経済

1.1　産業構造のサービス化

　日本の戦後の高度経済成長は，「工業化」によってもたらされたといえる。経済復興のための工業の再建，輸入代替からさらに輸出促進のための重化学工業化，続いて機械，自動車などの加工組立型産業の発展がみられ，さらに電子機器を中心にした工業製品の高付加価値化が進んだ。終戦当時の第1次産業における就業者はおよそ5割に及んでいたが，工業部門の発展には，第1次産業就業者の工業部門への移動が不可欠であった。製造業および第2次産業の就業者比率は戦後上昇し続け，工業化による経済成長を可能にしたが，それは，農業を主とする第1次産業からの労働力の吸収により実現された。

　しかし，終戦当時に最大の労働力のプールであった第1次産業からの労働力の移動先，また，新規労働力の吸収部門としては，第2次産業よりも第3次産業の方が圧倒的に大きな役割を果たした。1950年時点で21.61％の第2次産業就業者比率が上昇を続け，およそ37％弱の最大値を記録したのが70年代半ばで，その後微減の傾向にある。それに較べて第3次産業就業者比率は，50年時点の28.19％から一貫して急速に増加し，現在では60％を超えるにまで至っている。また，対事業所および対個人サービスや教育・研究，医療・保険などからなるサービス業就業者数も，95年にはじめて製造業就業者数を超えた。

産業構造の急速な変化が就業構造の面だけにとどまらないのは当然である。国民総生産の構成比でみて，第2次産業が最も大きなウエイトを占めたのはやはり70年代半ばで，およそ45%近くに達している。第2次産業の比率はこれをピークに，就業者比率と同様，微減の傾向にあり，反対に第3次産業のウエイトは95年時点で，名目値で67%，実質値(90年価格)で65%に及んでいる。

このような産業構造の急激な変化は，国民生活の広範な部分に影響を及ぼさずにはおかない。たとえば，生産に必要とされる労働力の特性(特定の技能など)，パートタイマーなどの雇用形態と労働組合との関係，企業規模分布や業種間格差の変化，「起業」条件の変化などによる産業組織の変化，非営利組織の重要性，地域的な労働配分，さらには人々の労働観などである。このような問題へのアプローチの重要性だけではなく，経済分析それ自体において，第3次産業の急激な成長は重要な関わりをもっている。アメリカ経済のサービス化についての包括的研究であるFuchs(1968)は，国民経済におけるサービス部門のウエイトの増加は，サービス産業における需要者(消費者)の「生産要素」としての役割，労働に体化する技術進歩，サービスの需要と供給の不均衡の問題，さらには経済厚生の尺度としての国民総生産へのサービス部門の寄与とその測定方法について，いっそうの研究の必要性があると指摘している(Fuchs(1968)，第8章)。とくに，財貨(主として第1次および第2次産業生産物で，以下，「もの」という)に比して曖昧である，サービス生産の測定方法の改善を通じて，経済資源のサービス部門への移動がもたらす経済厚生への影響を分析すべきことが主張されている。

わが国においても，「サービス(化)経済」の分析の重要性は早くから指摘され，Fuchs(1968)の訳者である江見康一が，その訳書の「あとがき」で，「わが国のサービス産業就業者は，第3次産業の概念でみれば，昭和46年『就業構造基本調査』で47.2%に達しており，50%を超えるのは時間の問題であろう。そうだとすれば，日本もサービス産業雇用者が総雇用者の半数を超える時代を迎えたわけであり，……サービス産業研究の重要性は，いっそう現実的要請をおびたものとなるであろう」と指摘したのが1974年である。

わが国経済のサービス化は，江見が予想したよりもずっと速く進行し，第3次産業就業者が全体の半数を超えたのは，労働省統計では74年（『毎月勤労調査報告』で同『年報』および『労働統計年鑑』に収録），経済企画庁のデータ（『国民経済計算年報』）では76年である。このような変化を背景に，経済のサービス化のもつ含意と経済成長との関わり等について，多くの研究がなされてきた。政府部門においては，通産省『80年代の産業構造の展望と課題』(1981年)をはじめとしてサービス産業の実情把握と分析がなされるようになり，また，井原(1979, 1992)，小林(1988, 1999)，および佐和編(1990)等の啓蒙書が識られるところである[1]。

ただし，本書において筆者が最も関心をもつのは，サービス経済の進展における「その実体」や「国民生活上の意義」ではなく，より分析的な視点からの興味であり，産業構造の変化と経済全体の生産性変化との関係であり，時代の変化に対応して産業構造の変化を誘導したり，構造調整のコストをいかにして抑えるかといった，産業政策のあり方である。これらのテーマについて順次考察するが，その前にまず，わが国の産業構造の変化について概観しておこう。表1-1-aおよび1-1-bは，総務庁『労働力調査年報』および労働省『労働統計年鑑』を用いて，1950-95年の産業別就業者数および同比率の推移を示したものである。

これらの表を，産業部門別就業者比率の累積百分率でグラフ化したものが，図1-1である。1番下の太線部分が製造業の就業者比率で，下から2番目の細実線が，製造業に鉱業および土木・建設業を含めた第2次産業の就業者比率である。これと1番上の実線で囲まれた部分は，第3次産業の就業者比率であり，ここでFuchs(1968)にならって，第3次産業から電気・ガス・水道業および運輸・通信業を除外した部分を「サービス部門」と呼び，その就業者比率が下から2番目と上から2番目の線に囲まれた部分で示されている。当然，残りの1番上の部分が第1次産業の就業者比率をあらわす[2]。

製造業および第2次産業就業者数は，第1次石油ショック後もわずかに増加傾向にあるが，先に述べたように，就業者比率でみた場合には，70年代半ばをピークとして漸減している。それに対して，第3次産業およびサービ

表1-1-a　産業別就業者数の推移

(万人)

	1950	1960	1970	1975	1980	1985	1990	1995
総数	3,672	4,472	5,094	5,223	5,536	5,807	6,249	6,457
農林業	1,776	1,492	842	618	532	464	411	340
漁業	67	62	44	43	45	45	40	27
第1次産業	1,844	1,554	886	661	577	509	451	367
鉱業	66	54	20	16	11	9	6	6
建設業	127	235	394	479	548	530	588	663
製造業	600	912	1,377	1,346	1,367	1,453	1,505	1,456
第2次産業	793	1,201	1,791	1,841	1,926	1,992	2,099	2,125
電気・ガス・水道	170	239	353	363	381	376	406	42
運輸・通信								402
卸売・小売・飲食業	421	800	1,144	1,127	1,248	1,318	1,415	1,449
金融・保険・不動産				170	191	217	259	262
サービス業	314	549	751	855	1,001	1,173	1,394	1,556
公務	120	130	161	196	199	199	195	218
第3次産業	1,026	1,718	2,409	2,711	3,020	3,283	3,669	3,929
うちサービス部門	856	1,479	2,056	2,348	2,639	2,907	3,263	3,485

出所)　総務庁『労働力調査年報』、労働省『労働統計年鑑』等より作成。
注)　サービス部門は、第3次産業から電気・ガス・水道および運輸・通信を除く。
運輸・通信は、1991年まで電気・ガス・水道に含まれる。金融・保険・不動産は、1971年までサービス業に含まれる。総数には分類不能が含まれている(以下同様)。

表1-1-b　産業別就業者比率の推移

(%)

	1950	1960	1970	1975	1980	1985	1990	1995
第1次産業	50.22	34.75	17.39	12.66	10.42	8.77	7.22	5.68
鉱業	1.80	1.21	0.39	0.31	0.20	0.15	0.10	0.09
建設業	3.46	5.25	7.73	9.17	9.90	9.13	9.41	10.27
製造業	16.34	20.39	27.03	25.77	24.69	25.02	24.08	22.55
第2次産業	21.60	26.86	35.16	35.25	34.79	34.30	33.59	32.91
電気・ガス・水道	4.63	5.34	6.93	6.95	6.88	6.47	6.50	0.65
運輸・通信								6.23
卸売・小売・飲食業	11.47	17.89	22.46	21.58	22.54	22.70	22.64	22.44
金融・保険・不動産				3.25	3.45	3.74	4.14	4.06
サービス業	8.55	12.28	14.74	16.37	18.08	20.20	22.31	24.10
公務	3.27	2.91	3.16	3.75	3.59	3.43	3.12	3.38
第3次産業	27.94	38.42	47.29	51.91	54.55	56.54	58.71	60.85
うちサービス部門	23.31	33.07	40.36	44.96	47.67	50.06	52.22	53.97

注)　出所、注とも表1-1-aに同じ。

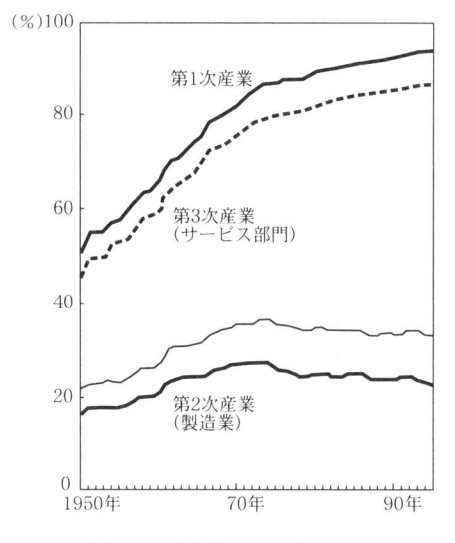

図1-1 就業構造の推移(累積%)

ス部門就業者のシェアは一貫して増加していることが明らかである。また，とくに図表には示さないが，部門別の産出額構成比についても同じことがいえる。これら，サービス部門のウエイトの増加が需要構造の変化に支えられたものであったことも，改めて説明するまでもないであろう[3]。

1.2 サービス化とマクロ経済

ところでBell(1973)によれば，工業化を通じた経済発展において第3次産業就業者比率が50%を超えた段階で，その社会はthe Post Industrial Society(「脱工業化社会」)といわれる。この段階では，非もの生産へと経済資源のウエイトが移っていることだけではなく，知識のようなサービスが経済活動において果たす役割をどのように理解するかが重要となる。非もの生産はソフトの部分でもあり，もの生産における高付加価値化を推進するだけでなく，非もの生産の増加が工業化社会とは異なった職種の増加や生活様式を生み出すと考えられるからである。

工業化のプロセスでは，第1次産業から製造業を中心とする第2次産業への就業者の移動がみられたが，脱工業化の段階では，第1次産業における労働力のプールは枯渇しており，むしろ，第3次産業が第2次産業の労働力を奪うかたちでその活動ウエイトを増加させていくと考えられる。そのような視点に立てば，脱工業化の段階を第3次産業就業者比率の特定の値に依存して定義するのではなく，第3次産業部門(あるいは，Fuchs(1968)にならってサービス部門)が第2次産業(とくに工業部門)の労働力を吸収して拡大するプロセスを，脱工業化と呼ぶべきではないだろうか[4]。とくに Rowthorn and Wells(1987)は，このような第3次産業部門の発展の仕方を the De-industrialization(「脱工業化」)と定義している。ただし，1960年代のイギリス経済のように，急激な製造業の衰退により吐き出された労働者を吸収できるほど速やかな第3次産業の成長がみられない場合，失業の増加が不可避であり，「ネガティブな脱工業化」と呼ばれる[5]。

筆者はこの新たなプロセスを脱工業化というよりも，「経済のサービス化」あるいは「サービス経済化」と呼ぶべきではないかと考える。このプロセスでは，単に最終需要におけるサービス消費が増加するとか非もの生産が増加するというだけでなく，生産構造における中間財としてのサービス投入の増加がみられ，後の章で分析するように，サービス投入の増加は同時に，就業者の職業構造においても，サービス化というべき変化をもたらしているからである。ただしこれまでは，前者は国民所得の上昇に伴ったサービス需要の増加であり，後者の，中間投入としてのサービス需要の増加は，主としてもの生産の増加から派生した部分であると理解され，サービス部門それ自体で「自律的に」発展するものではないというみかたが支配的であった(労働省(1988)，宮沢(1975)，武村(1997)，坂井(1998)等)。

宮沢(1975)に従ってこのことを確認しておこう。国内総生産(Y)を「もの部門」(とくに製造業部門：添え字 G)と「サービス部門」(添え字 S)とに分ければ，

$$Y = Y_G + Y_S \qquad (1\text{-}1)$$

サービス部門生産物の需要割合を h とすれば $(0<h<1)$, $Y_S=hY$。サービス部門の生産はもの部門から派生的に生じるという関係は,

$$Y_S=\frac{h}{1-h}Y_G \tag{1-2}$$

とあらわされる。$h/(1-h)$ は，もの部門の生産の増加によって派生するサービス部門の需要増加(生産増加)部分である。同時に，経済全体でも

$$Y=\frac{1}{1-h}Y_G \quad および \quad \Delta Y=\frac{1}{1-h}\Delta Y_G \tag{1-3}$$

の関係に従って，もの部門における生産活動から全体の生産水準も決定される。通常は，生産の増加は雇用の増加を伴うはずである。それぞれの部門の雇用量を，L_G および L_S とすれば，もの部門の生産により派生するサービス部門の雇用量は，

$$L_S=\frac{h}{1-h}\left(\frac{y_G}{y_S}\right)L_G \tag{1-4}$$

とあらわされる。ただし，y_G および y_S は各部門の労働生産性である。両部門の雇用比率は，

$$\frac{L_S}{L_G}=\frac{h}{1-h}\left(\frac{y_G}{y_S}\right) \tag{1-5}$$

であるから，もの部門の生産性がサービス部門よりも高ければ高いほど，サービス部門の雇用のウエイトが高まる。このように，サービス部門活動のウエイトは，つまるところ，もの部門の高い生産性とサービス部門の低い生産性とによって上昇し，もの部門の活動に依存して経済全体のサービス活動のウエイトが高まる，というわけである。

しかし，これらの解釈は定義式である(1-1)および(1-2)式を単純に変形した結果として導き出されたものであり，もの部門活動からサービス部門の活動が派生的に増加するという一方向の関係以外に，サービス部門の自律的発展の可能性はないというのだろうかという疑問を生じさせる。とくに(1-1)式は恒等式であり，もの部門の生産性が相対的に高いわけだから，全体の生産が増加していく過程で，もの部門活動から派生するサービス部門活動のウ

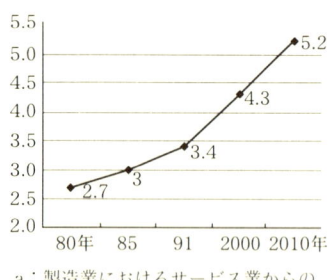

a：製造業におけるサービス業からの中間投入比率(%)

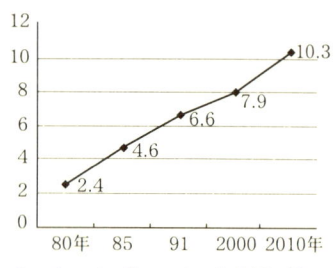

年	80年	85	91	2000	2010年
比率	2.7	3	3.4	4.3	5.2

b：サービス業における生産額に対する機械・装置等の投資の比率(%)

年	80年	85	91	2000	2010年
比率	2.4	4.6	6.6	7.9	10.3

図1-2　中間投入比率の拡大

出所）通産省『ソフトインダストリーの時代』(1996) p.33。オリジナルは，通産省『21世紀の産業構造』(通商産業調査会，1994年)。

注）2000年および2010年の数値は予測値。

エイトが増大することは当然である。サービス部門の拡大をこのような単線的な関係のみで解釈してよいであろうか。

　もの部門の発展はその量的な拡大を意味するだけでなく，質的向上や商品内容の変化も伴う。そのような変化は，もの部門内部における知識集約的な要素であるソフト投入ばかりではなく，サービス部門から投入する要素に依存する。一方，サービス部門の生産においても物的要素の果たす役割は大きくなっており，両部門の相互依存関係は深化する方向にあると考えられる。たとえば，通産省『ソフトインダストリーの時代』(1996)では，経済のソフト化が進展し，ものとソフト(サービス)との相互依存関係が深化していることを指摘した上で，「製造業におけるサービス業からの中間投入比率は年々高まってきているが，他方で，サービス業における機械・装置等の投資比率も同様に高まってきており，いずれも今後とも高まっていくことが見込まれている」(p.32)としている。これらの相互依存の関係を図1-2に示しておく。

　図1-2より，製造業とサービス業の相互依存関係がいっそう進行していることが明らかであるが，より一般的には，もの部門とサービス部門との相互依存関係がどのように変化しつつあるかを正しく把握する必要があり，その経済的帰結を見据えた上で新たな産業政策について考える必要があるだろう。従来の静学的定義式に基づくサービス部門拡大のモデルからは，このような

関心に対して十分納得のいく解釈が得られないのではないか。また従来の解釈から，図1-1にみたようなわが国の就業構造の変化を整合的に説明できるであろうか。動学的な成長モデルを用いて，これらの疑問に応えることが求められるであろう。

以下の各章においてはこれらの課題に取り組むが，その前にまず，経済のサービス化とマクロ経済のパフォーマンスとの関連について考えておこう。工業化は一般的に，規模の経済性，労働生産性の上昇を通じて高い経済成長率をもたらすと考えられてきた。わが国はその典型であり，他の先進国でもそのような傾向が観察される。一方，サービス業を中心として第3次産業は差別化競争に走りがちで，ストックが困難であるという商品の特性，規模の経済性が作用しにくいこと等の性質により，労働生産性および労働生産性上昇率は製造業よりも低い傾向があるとされる（もちろん，サービスの品質の変化を正確に測定することの困難さは否定できない）。とすれば，経済が成熟段階に至り，サービス部門のウエイトが高くなることにより，もの部門での技術革新や生産性上昇が進んだとしても，全体としての成長率がシフト・ダウンすることも十分予想できる。たしかに，1970年代以降のイギリスでは，脱工業化の進展と製造業の国際競争力の低下とが相俟って，他の先進諸国に比して低い経済成長率しか達成してこなかった。70年代半ばに製造業シェアがピークを迎えたわが国でも，それ以後経済成長率は低下し，もの部門就業者数が第2のピークであった90年を境にして経済成長率はいっそう低下した。60年から第1次石油ショックまでは年率10％近い実質経済成長率，その後90年まではおよそ4％，91年以降は約1％の成長率，97年からはマイナス成長である。植野（1997）によれば，57年第2四半期から96年第4四半期までの実質GDPをタイム・トレンド（t）で回帰すれば，以下のごとくである。

$$
\begin{aligned}
&57\text{年}/\text{II}\text{期}\sim 73\text{年}/\text{IV}\text{期}: \ln \text{GDP} = 10.789 + 0.093 \cdot t \quad R^2 = 0.997 \\
&73\text{年}/\text{IV}\text{期}\sim 91\text{年}/\text{I}\text{期}: \ln \text{GDP} = 12.274 + 0.038 \cdot t \quad R^2 = 0.993 \quad (1\text{-}6) \\
&91\text{年}/\text{I}\text{期}\sim 96\text{年}/\text{IV}\text{期}: \ln \text{GDP} = 12.274 + 0.012 \cdot t \quad R^2 = 0.806
\end{aligned}
$$

表1-2 期間別成長率の変化

	年平均労働生産性伸び率(%)	労働の資本装備率(%)	全要素生産性(%)	推計誤差(%)
A：57/II〜73/IV	9.1 (100.0)	1.4 (15.5)	7.9 (87.6)	−0.3
B：73/IV〜91/I	3.2 (100.0)	2.0 (62.7)	1.1 (33.9)	0.1
C：91/I〜96/IV	2.5 (100.0)	1.6 (63.4)	0.7 (28.4)	0.2
B−A	−5.8	0.6	−6.8	
C−B	−0.7	−0.4	−0.4	

出所) 植野(1997)表5より。
注) 要因分解は，生産関数 $\ln(Y/L \cdot H) = \alpha \cdot \ln(K/L \cdot H) + \beta \cdot T + \gamma$ を用いてなされている。ただし，H は労働時間である。下段のカッコ内は寄与率である。また，全要素生産性は，成長会計モデルにおけるそれと完全に同じではなく，労働生産性の変化のうち資本装備率上昇で説明できる以外の部分という意味で用いられている。

　これら3期間の実質経済成長率の要因を労働要因，資本要因，その他の全要素生産性に分解し，さらには実質労働生産性を資本装備率要因，全要素生産性に分解すれば，期間ごとの成長率の低下がどの程度これら要因に左右されたかが見出せる(実質 GDP を Y，資本量を K，労働投入量を L，全要素生産性を T としている。前者の場合の生産関数は，$Y=F(K, L, T)$，後者の場合は，$y=f(k, T)$。ただし $y=Y/L$，$k=K/L$，である)。生産関数が $y=f(k, T)$ のとき，労働生産性(y)伸び率は，資本装備率(k)上昇による部分と全要素生産性による部分とに分解でき，先と同様植野(1997)によれば，表1-2のごとく計測される。

　(1-6)式と表1-2より，第1次石油ショックを挟んだ期間，GDP成長率(Yの変化率)と労働生産性の変化率はほぼ同じ動きをしていることが明らかである。第1次石油ショック後の期間でGDP成長率も労働生産性成長率も大きくシフト・ダウンしたが，資本装備率の変化率が相対的に安定している一方，全要素生産性の変化率はきわめて大きく低下した。労働生産性上昇への全要素生産性の寄与率も大きく低下している。

　このような経済成長率のシフト・ダウンがすべて経済のサービス化に帰するものではないことはいうまでもない。しかし，経済資源のサービス部門へ

の移動が，わが国全体の経済成長や就業構造，その他物価など，マクロ経済変数の動向に大きな影響を与えたことは否定できないと思われる。

　ところでこれまでのわが国の産業育成政策においては，①動学的規模の経済性，および②需要の所得弾力性という2つの基準を重視して工業化による経済発展を目指してきたといわれる。そうであれば，高い投資比率と技術進歩を支えに発展してきた製造業のウエイトが低下しつつある段階では，いっそうの所得増加による支出増加が，単純には経済成長に結びつかないことも十分考えられ，新たな産業政策が用意されなくてはならない。以下では簡単な需給モデルを用いて，成長過程においてもの部門とサービス部門とがそれぞれどのように需給均衡を移動させ，国民経済の観点からどのような結果をもたらしうるか，そのメカニズムを簡単にみておこう。

　家計の消費において，医療をはじめ，教養・娯楽，金融サービス，運輸・通信などのサービスの所得弾力性が1を大きく上回ることはよく知られている。産業連関表にある「民間消費支出」においても，農林水産業および製造業生産物のウエイトは低下し，サービス業をはじめ，金融・保険などのサービス部門生産物への支出割合が上昇していることがわかる。その反面，サービス部門生産物の価格は上昇傾向にあった(新庄他(1990)参照)。国民所得の上昇に伴って，最終需要としてのサービス部門への需要が増し，しかも供給の価格弾力性は比較的小さいといえる。生産方法の効率化も追求されてはいるが，その効果はもの部門ほどには大きくあらわれない。むしろ，サービス部門の需要の増加は「高級化」などの差別化を要求し，供給曲線を左にシフトさせる可能性もなくはない。それに較べて製造業をはじめとするもの部門では，規模の経済性や生産の効率化に加え，円高による輸入原材料価格の低下もあり，生産物の価格水準は相対的に割安となってきた。もちろん，所得水準の上昇により需要も増加するが，需要の所得弾力性はサービス部門生産物ほど大きくはない。このような条件を考慮し，所得の上昇，生産効率の改善があった場合，もの部門とサービス部門にあらわれる生産量および価格の変化を，図1-3を用いて，比較してみる。

　国民所得の上昇は両部門生産物(もの部門：Y_C^0，サービス部門：Y_S^0)への

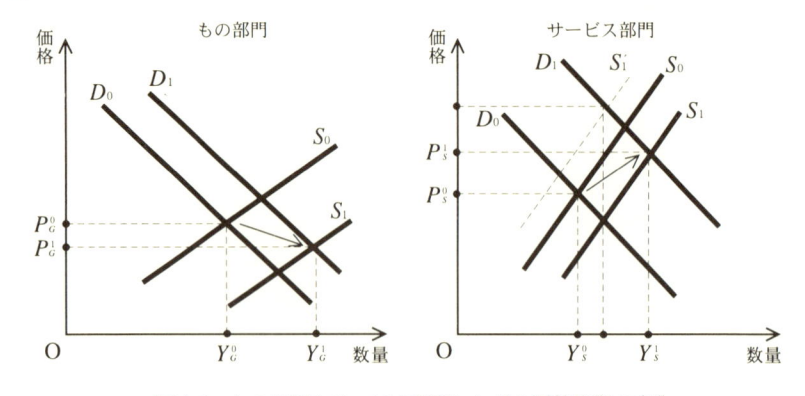

図 1-3 もの部門とサービス部門における需給均衡の変化

需要増加となり，需要曲線が D_0 から D_1 へと右方シフトしよう。ただし，サービス部門における需要増加の方が大きい。両部門共に生産性の上昇もあるはずだが，もの部門では規模の経済性の追求も可能で供給曲線が S_0 から S_1 へとより大きく下方シフトする(円高による輸入原材料価格の低下もあるだろう)。サービス部門では，生産物の差別化が要求され，価格上昇に対応して供給量の増加が速やかに実現しにくく，供給曲線の傾きは急である。これらを勘案すれば，もの部門生産物の需要増加には供給量の増加と，P_G^0 から P_G^1 へと価格の下落が伴う。他方，サービス部門では，供給量の増加にもかかわらず P_S^0 から P_S^1 へと価格が上昇する場合を容易に想像できる。サービス部門における需要の増加が高級化などの要求と結びついている場合は，(資格取得などの)供給体制を短期的に整えることが困難で，供給曲線は短期的には S_1' のように上方にシフトするかもしれず，価格はよりいっそう上昇することも考えられる。

現実のデータから，上述のモデルを検証してみる。図 1-4 は，1973 年から 95 年までのわが国における，産業別実質 GDP 成長率とデフレーター変化率の年平均値をプロットしたものである。(付加価値ベースの)成長率が最も高い電気機械は大幅に価格を下げ，着実な生産増加をみた輸送用機械や機械製品の価格はほとんど変化しないか，あるいは低下している。鉄鋼，非鉄金属などいわゆる重厚長大型産業においても価格上昇幅は小さい。それらに

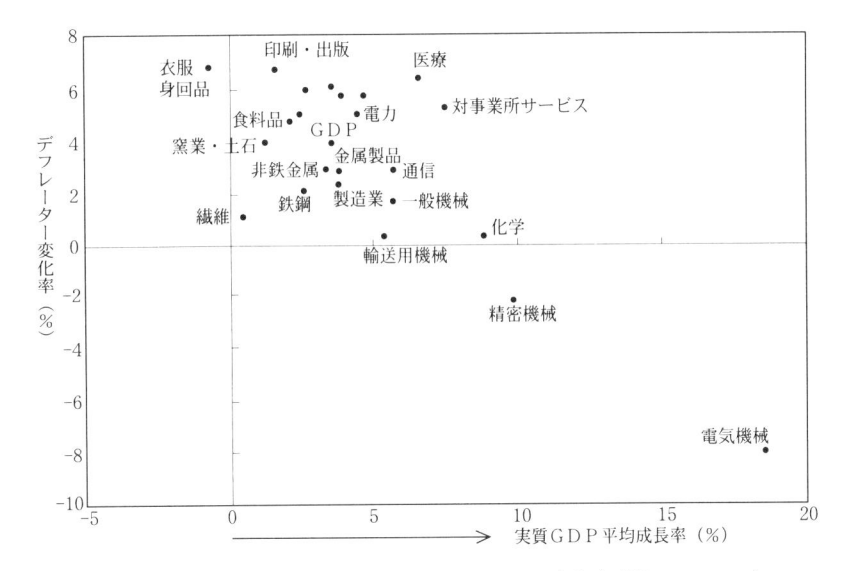

図1-4 産業別実質GDPとGDPデフレーターの年平均変化率(%)：1973-95年
注) 経済企画庁『国民経済計算』より作成。ただし、不明瞭さを避けるため、サービス部門のうち、運輸、ガス・水道・熱供給、公共サービス、対個人サービス、教育、その他のラベルを省いてある。

較べて、サービス部門の価格上昇率はかなり高い。サービス部門で最も生産の成長率が高いのは、対事業所サービスであり、次いで医療、通信である。公共サービス、対個人サービスは、平均的な産出の伸びを示しているが、製造業平均に比して価格変化がかなり高い水準で推移している(表1-3参照)。

これらの事実は、上に説明した需給均衡モデルから予測できる結果を支持しているように思われる。なお、表1-3には、これらの変化を1973-85年、86-95年の2期間に分けたものを示した(図1-4に表記していない業種を表1-3から確認していただきたい)。サービス部門の通信および対事業所サービスにおいて、前半と後半の期間で非常に異なった価格変化がみられる。これらは、規制緩和など構造的変化を促進する政策が推進された結果でもある、といえよう。

以上の考察は、貿易財で国際的競争にさらされている産業かどうか、新商品の開発など技術進歩の速い産業かどうか、規制産業かどうかなどを考慮に

表 1-3 産業別実質 GDP および GDP デフレーターの年平均変化率

	実質 GDP 年平均変化率(%)			デフレーター 年平均変化率(%)		
	73-95年	73-85年	86-95年	73-95年	73-85年	86-95年
製造業平均	3.717	4.338	2.910	2.300	4.415	−0.450
1．食料品	2.022	3.538	0.050	4.752	6.846	2.030
2．繊維	0.409	2.215	−1.940	1.061	2.285	−0.530
3．衣服・身回品	−0.783	1.338	−3.540	6.865	7.577	5.940
4．印刷・出版	1.491	0.662	2.570	6.839	10.215	2.450
5．化学	8.852	11.315	5.650	0.383	2.154	−1.920
6．窯業・土石製品	1.291	1.262	1.330	4.022	6.438	0.880
7．鉄鋼	2.530	3.500	1.270	2.152	4.108	−0.390
8．非鉄金属	3.261	2.946	3.670	3.104	6.277	−1.020
9．金属製品	3.778	3.792	3.760	2.809	4.492	0.620
10．一般機械	5.587	8.615	1.650	1.770	2.723	0.530
11．電気機械	18.574	24.246	11.200	−7.761	−8.215	−7.170
12．輸送用機械	5.387	7.362	2.820	0.352	1.231	−0.790
13．精密機械	9.878	17.838	−0.470	−2.152	−4.023	0.280
14．電力業	4.404	4.877	3.790	5.209	10.046	−1.080
15．ガス・水道・熱供給	3.848	5.638	1.520	5.852	8.538	2.360
16．運輸業	2.370	2.692	1.950	5.157	7.638	1.930
17．通信業	5.657	5.338	6.070	2.900	6.062	−1.210
18．公共サービス	2.600	6.177	−2.050	6.087	7.908	3.720
19．対事業所サービス	7.383	7.054	7.810	5.352	8.262	1.570
20．対個人サービス	2.574	2.769	2.320	5.991	8.362	2.910
21．教育	4.683	5.069	4.180	5.930	8.892	2.080
22．医療	6.500	8.015	4.530	6.526	9.462	2.710
23．その他	3.470	4.792	1.750	6.104	9.100	2.210
国内総生産	3.439	3.754	3.030	4.000	6.200	1.140

出所）　経済企画庁『国民経済計算』より算出。
注）　製造業のうち，1〜4は，基礎資材型産業，5〜9は加工組立型産業，10〜13は，生活関連型産業であり，16以下は本章において定義する「サービス部門」産業である。

入れて，さらに詳しく分析する必要があるが，わが国の経済の動向を反映したものとして興味深いものである。

1.3　「もの」と「サービス」

ところで「サービス」とは何か。前節でも述べたように，これまではサービス需要をもの需要の派生的な部分ととらえることが多かった。つまり，も

の部門の生産活動の増加によってサービス部門の成長が派生的に生じると考えられてきた。しかし，就業者数でみても生産額でみても，わが国のサービス部門は，戦後一貫して成長し，もの部門（あるいは製造業部門）のシェアは，1970年代半ばをピークに漸減傾向にあることをみた。もの部門の生産活動が相対的に低下している一方で，サービス部門のそれが増大している事実を，サービス生産はもの生産に付随して拡大するという仮説からどのように説明できるだろうか。また，サービス生産の増大が経済全体に及ぼす影響，たとえば経済成長，国際競争力や労働市場への影響をどのようにとらえ，評価できるだろうか。

ともあれ，もの部門の生産活動とサービス部門におけるそれとの関係をどうみるかという課題については，第3章に譲ることとして，ここでは，「もの」と較べた「サービス」の特徴を簡単に列挙し，後の分析につなげることとする。サービスについての最も初歩的な定義は，取引される商品のうち「物財」以外の残余の部分である，というものであろう。サービスの性質あるいはサービス需要と供給の特徴は，井原(1979, 1992)，小林(1988, 1999)，佐和編(1990)，羽田(1988, 1998)，Fuchs(1968)等で論じられ，とくに羽田(1998)およびFuchs(1968)において詳しい。以下では，経済財としてのサービスの特徴をごく手短に述べておく。

非貯蔵性　サービスは，貯めておくことが困難であるか，あるいは，貯めておくことにより経済的価値が急速に失われる性質がある。つまり，過去のものには価値がないということである。昨日の新聞は買わない，ニュースは新しいからニュースであるという意味で，旧くなったものには価値がない。ただし，録音や録画によるサービスの貯蔵は可能であるとも思われるが，ものとしてのCDやテープそれ自体に使用価値があるわけではなく，それら「もの」は，（情報）サービスを体化しているという理由で経済財として消費されるのである。

無形性　サービスは，商品の「かたち」がなかなか認識しにくく，ものに較べて把握しにくく，「質」や生産性を測りがたい。たとえば，「保険」は適用されてはじめて，その商品の実際の有り難みがわかる。コンサートなどの

感動は，その場に参加してこそ味わえ，良質な録音によっても臨場感の再現には大きな限界がつきまとう。

生産と需要の同時性 これらは，サービスが生産された時点で同時に需要されることを意味する。それゆえ，サービスの輸送は困難であり，供給者と需要者の「距離」が近くなり，サービスの販売は「対面」であることが多くなる。サービスの生産は小規模でも可能で労働集約的に行われることが多く，その質は生産者の属人的なスキル(技能)に大きく依存する場合が多い。そうして，サービスの需要は直接的に消費者によってなされることが圧倒的に多く，中間投入としてのサービス需要は近年増加しているものの，相対的に少ない。

不可逆性 サービスは，消費して(購入してみて)はじめてその値打ちがわかるという性質をもつ。評判のよい映画でも，観てはじめて価値(感動)を認識できる。医療サービスに少しの欠陥があり，気に入らないからやり直させるということは可能だろうか(ものなら，多少の傷が付いているなどで交換も可能)。有名大学へ進学したが，供給される教育サービスに失望したからといって，大学を変更することには高いコストが要るだけではなく，大きなリスクも伴う。

さらに他の論者と異なり Fuchs(1968)は，「サービス生産に対する需要者の参加」を特徴のひとつにあげている。たとえば，良質な教育サービスの生産は，学生の積極的な参加なくしては不可能であるから，Fuchs のいうように，消費者は生産の1要素であり，サービスの生産性は消費者の水準によって影響を受ける(pp. 222-222)ことも大いにある。この性質は，サービスの価値あるいは生産性をどのように測るか，という問題と密接に関係する。過剰な医療が施された場合，医師の生産性(単位当たりの売上額)は向上したと測られるが良質な医療サービスといえないことは明らかである。

以上より，計測の問題を別にしても，サービス生産はもの生産に比して大量生産がしにくく，「規模の経済性」の実現が難しいから，高い生産性の上昇が期待できないのではないかとの予測が生まれる。それゆえ，工業化によ

る経済発展が成熟化した段階で，サービス化は経済の停滞につながるかもしれないというおそれを生む。よって，経済のサービス化が明らかとなった段階では，豊かな国民生活を持続させる上からも，どのような産業政策が必要であるかを考察することが重要となるのである。

1) 佐和編(1990)は，啓蒙書としては経済のサービス化を体系的にとらえ，なおかつ分析的である。そこにおける「参考文献」は，まことに「多様」で興味深い。この「多様性」も V. R. Fuchs が指摘するサービス産業の大きな特徴である。
2) 「サービス部門」の定義は，第3章および第4章で詳しく行うが，ここに限っては，Fuchs(1968)にならって，第3次産業から，電気・ガス・水道業および運輸・通信業を除いたものと定義する。また，以下の表記では各産業の「業」を省く場合がある。
3) たとえば，消費支出に占めるサービス支出の割合の推移は，以下のごとくである。

表1-4　消費支出に占めるサービス支出

(全国，全世帯，単位：%)

	耐久財	半耐久財	非耐久財	サービス
1970年	8.0	15.1	50.0	27.0
75	7.5	15.5	48.7	28.3
80	6.1	14.3	47.0	32.7
85	6.4	13.3	45.4	34.8
91	6.8	13.5	42.4	37.3
96	7.2	11.6	41.2	40.1

出所）　総務庁統計局『家計調査』各年版。
注）　耐久財，半耐久財，非耐久財への支出が「ものへの支出」と考えられる。

4) その場合，第3次産業就業者比率が50%を超える段階を脱工業化社会というBellの定義における就業者比率は，一応の目安としてよいだろう。
5) イギリスにおける「脱工業化」についての評価，分析，将来展望についてはすでに別稿(1996)で紹介した。経済発展が成熟段階に達すると，農業部門の雇用はごくわずかで労働力供給の余力は失われ，サービス部門の増大は工業部門を食うかたちで進むから，工業部門の雇用は縮小する。イギリスでは，1955年に農業部門の就業者比率は5.4%，その後サービス部門が81年までに15.0%増大したが，この増加分は工業部門から供給される他はない。ただ，成熟段階で工業部門の生産性が高まり生産水準の増加があれば，経済全体のパフォーマンスはよいはずで，サービス部門の成長もあり，失業問題は起こらない。このような「脱工業化」は，ポジティブな脱工業化 (positive de-industrialization) と呼ばれる。一方，国際競争力の低下などにより工業部門の生産の増加が滞り，同部門から吐き出された労働力に対して，サービス部門

での雇用吸収が十分でなければ失業問題が深刻になるので，このような「脱工業化」は，ネガティブな脱工業化(negative de-industrialization)と呼ばれる。なお，これらについては第2章でも触れるが，松本(1997b)およびRowthorn and Wells(1987)を参照。

第2章　イギリスにおける「脱工業化」と経済成長

2.1　はじめに

　経済発展は，しばしば産業の工業化と同義的に語られ，工業化による輸入代替からさらに高付加価値の工業製品へと産業構造を移してゆくことが「豊かな」社会への基本戦略であるようにいわれる。戦後のわが国においても，経済の復興から発展へと至る過程で産業政策において重視された産業は，エネルギー，鉄鋼，造船，重化学といった「基幹産業」で，次いで自動車や機械産業が輸入代替の観点から付け加えられていった。さらなる発展は，A. H. Maslow の欲求の発展の5段階説にもあるように，社会的参加から自己実現のための消費・活動の対象となる非物財(以下，サービスと呼ぶ)への需要の高まりとなってあらわれる，といわれる。

　わが国では，終戦直後に約5割にのぼった農林業就業者は，急速な工業化の過程における労働力の供給源となった。ただし，経済発展の過程で，ペティ=クラークの法則として知られる経済発展と就業構造の変化の関係，就業者のウエイトが第1次産業から第2次産業，さらに第3次産業へと移ってゆくという単線的な推移がそのままあらわれたわけではない。第1次産業から流出した労働力の行く先は，第2次産業のみならず，第3次産業でもあった。戦後の経済発展の過程で，第2次産業就業者の増加と同時に，第3次産業においても急速な就業者の増加がみられた。第2次産業の就業者比率は，石油

ショック後の1970年代にピークをみ，その後やや低下傾向にある。第2次産業の就業者比率の増加と共にあったわが国の高い経済成長率は，前者の増加停止と共に低成長軌道にシフト・ダウンしたのであろうか。

就業構造や生産比率でみて，第2次産業から第3次産業へのウエイトの移行は，「脱工業化」とか「経済のサービス化」と呼ばれる。大量生産方式による規模の経済を生かした「もの」づくりによる経済成長から，需要の所得弾力性が大きく，高い所得水準に見合って生活を豊かにする「非物財／サービス」生産へと，経済構造が変化しているのだろうか。また，経済の「成熟化」や「産業構造の高度化」は，低成長，さらには高失業率など経済のパフォーマンスの悪化を必然的にもたらすものなのであろうか。しかしそうであれば，間もなく超高齢化時代を迎えるわが国経済の将来展望は，ますます暗いものとなる。

戦後わが国の高い経済成長の実現に，第2次産業の発展が決定的な役割を果たしたことは疑いがないが，先述したように，第3次産業の成長は，第2次産業の「後」に続いたのではなく同時並行的であったと考えられる。たとえば，黒田・吉岡・清水(1987)は，わが国の経済成長の資本・労働・生産性の要因分解から，マクロ的傾向として，①第1次石油ショック以前(60-73年)の経済成長において資本投入の貢献が45％，労働投入の貢献が15％，生産性上昇の貢献が35％程度であったが，②73-79年においては，経済成長の90％程度が資本投入による貢献であり，生産性上昇の貢献はむしろマイナスに作用したことを明らかにしている。さらに彼らは，経済成長への貢献度について産業ごとの要因別分析を行い，第1次石油ショック以前には第2次産業における資本および労働投入増加の貢献度が圧倒的に大きかったが，第1次石油ショック以後は第3次産業の要素投入による貢献度が相対的に大きくなったことを見出した。

以上のことから，1960-80年の間でみれば，大まかには第2次産業と第3次産業が比較的均整的に伸び，経済成長に対しプラスに貢献してはいるが，第1次石油ショック以後では，両産業の生産性上昇率が大きく異なり，第2次産業部門の生産性上昇の貢献度がプラスであるのに対して，生産活動のウ

エイトを急激に増した第3次産業部門のそれはマイナスであると判断される。つまり，第1次石油ショック以降，第3次産業のウエイトは増したもののその生産性上昇率は低く，経済全体の成長にネガティブに作用したという事実を彼らは見出したのである[1]。

　本章は，以上の知識を前提に，わが国経済の成熟化・脱工業化(経済のサービス化)がもつ問題を考えるために，最も早く資本主義経済を突き進み「脱工業化」した，第2次世界大戦後のイギリス経済の推移について考察する。わが国の第1次産業就業者比率が10％を割ったのは，80年代中ごろであるが，イギリスでは20世紀初頭にはすでに一桁で，70年には3％以下となり，80年代からは2％そこそこで推移している。イギリスが国策として穀物自給率100％の目標を掲げ，それを実現するのに2％程度の就業者比率で足りるというのは，現在6％台にあるわが国において，就業構造の変化にいっそうの余地があることを予想させるものである(ただし，農業の態様が大きく異なることに留意しなければならないことは当然である)。経済の成熟化に向けて，産業構造の調整が行き着いたかに思えるイギリス経済の軌跡を理解することは，今後のわが国の経済動向を考える上で，有益な作業であろう。

　戦後のイギリス経済の特徴は，第1次産業(主として農業)から他部門への労働力の供給余力が枯渇した成熟段階から，第2次産業(工業部門)から労働力を奪うかたちで第3次産業のウエイトが拡大していく「脱工業化」にあるといわれる。戦後のイギリス経済は，第1次産業の就業者比率がかなり低い水準まで低下したが，第2次産業の就業者比率は，60年代半ばを境に低下し続けており，第2次産業から第3次産業へと労働力の移動が続いてきた。このような経済の成熟化，脱工業化が経済成長の低下をもたらし経済の「定常状態」への移行を必然的にもたらすものだろうか。筆者は，イギリス経済において，工業部門から非もの部門(サービス部門)へと資源が移動し続けることが，経済パフォーマンスのいっそうの悪化を意味するとは必ずしもいえない，と考える。では，イギリス経済においてみられる，これらの産業構造の変化をどのように理解すべきであろうか。「脱工業化」という表現であら

わされる．イギリス経済の最近の経過を考えれば，工業化重視による国民経済の発展，という旧来の産業政策的見地を墨守して経済活性化政策にアプローチすることには疑問が生じるのである．

わが国においては，脱工業化のプロセスは，より高次の経済発展段階で，個人のゆとりある生活と文化的社会をもたらすものであるかのような受け止め方もされている．しかし，豊かでゆとりのある生活が可能であるためには，現在の「工業国」(加工立国)型の経済構造はどのように変更される必要があるか，よく吟味することが欠かせないのではないだろうか．あるいは，その展望はポジティブなものであるのだろうか．このような観点から，モデルとして，イギリス経済の脱工業化の問題をみつめることにする．

次節では，イギリスにおける産業構造の変化を，経済のパフォーマンスと関連させてその特徴をみることにする．イギリスでは，「脱工業化」の傾向が明らかとされるが，サッチャー政権の誕生以来，経済に改善がみられ，サービス部門の貢献が大きかったことが指摘されているので，この点を検証しておきたい．第3節では，脱工業化の原因とその理解の仕方について，イギリスにおいて取りざたされてきた4つの仮説を簡単に紹介する．脱工業化は，経済の成熟化によって不可避的に起きるというみかた，国際収支の構造の変化によって国内の産業構造の変化がもたらされるという考え，教育を含めたさまざまな要因により製造業部門の乏しい成果が生じているという理解，政府部門が過大で非効率であり，全体のパフォーマンスを引き下げているという批判，を紹介する．第4節では，イギリスのケースに典型的にみられる，産業構造(就業構造)の歴史的な変化を，産業部門の生産性の差異により説明するモデルを紹介する．わが国においても，第2次産業の就業者比率は第1次石油ショック直後にピークに達し，1980年代からは若干低下傾向を示している．それと同時に，経済全体も低成長軌道へシフト・ダウンしたともいわれる．この数学モデルは，これらの(一般的とも思われる)経済発展の傾向を理解する一助となるものであろう．また，筆者はすでにMatsumoto (1996)において，脱工業化＝サービス経済化におけるサービス産業の役割についての考え方を提示した．最後にこの点にふれ，「もの」と「非もの」産

表2-1 イギリスの部門別労働力配分：1801-1981年
(%)

	(1) 農業	(2) 工業	(3) 商業	(4) 家庭向け 民間サービス	(5) 軍隊	(6) 社会的 サービス
1801年	35.9	29.7	11.2	9.0	4.8	9.4
1811	33.0	30.2	11.6	9.2	6.2	9.8
1821	28.4	38.4	12.1	9.9	2.1	9.1
1831	24.6	40.8	12.4	9.8	1.9	10.5
1841	22.2	40.5	14.2	11.3	2.0	9.8
1851	21.7	42.9	15.8	10.1	1.4	8.1
1861	18.7	43.6	16.6	11.2	1.3	8.6
1871	15.1	43.1	19.6	11.9	1.2	9.1
1881	12.6	43.5	21.3	11.3	0.9	10.4
1891	10.5	43.9	22.6	11.2	0.9	10.9
1901	8.7	46.3	21.4	9.5	1.1	13.0
1911	8.3	46.4	21.5	8.5	1.2	14.1
1921	7.1	47.6	20.3	6.9	1.1	17.0
1931	6.0	45.3	22.7	7.7	0.9	17.4
1951	5.1	47.6	22.0	2.3	2.5	20.5
1961	3.7	47.7	23.4	1.6	1.3	22.3
1971	2.7	44.8	23.4	1.1	1.0	27.0
1981	2.3	37.5	25.4	0.4	1.0	33.4

出所）Rowthorn and Wells (1987), p. 10.
注）工業は鉱業，製造業，建設，ガス・電力・水供給よりなり，商業は輸送，流通，金融よりなる。ただし，第6列はすべての雇用から(1)～(5)を差し引いたものであり，最近年においては公務，医療，教育よりなる。また(4)は，使用人等である。

業との相互依存関係を重視すべきであることを提案したい。

2.2 イギリスにおける産業構造の変化と経済成長

　Rowthorn and Wells(1987)によれば，19世紀からの長期にわたるイギリスの就業構造の推移は表2-1のごとくである。
　このように，就業構造でみたイギリス経済は，1960年代中ごろを境に工業部門の就業者比率が低下し続け，表中(3)，(4)，(5)，(6)よりなるサービス部門就業者比率は工業部門の就業者を吸収して上昇しており，「脱工業化」の傾向が明らかである。1966年には，工業部門の就業者数がピークで，

表 2-2 就業者1人当たり実質経済成長率 (年率：%)

	イギリス	アメリカ	フランス	ドイツ	日本
1873–99年	1.2	1.9	1.3	1.5	1.1
1899–1913	0.5	1.3	1.6	1.5	1.8
1913–24	0.3	1.7	0.8	−0.9	3.2
1924–37	1.0	1.4	1.4	3.0	2.7
1937–51	1.0	2.3	1.7	1.0	−1.3
1951–64	2.3	2.5	4.3	5.1	7.6
1964–73	2.6	1.6	4.6	4.4	8.4
1973–79	1.2	−0.2	2.8	2.9	2.9
1979–87	2.1	0.6	1.8	1.5	2.9

出所）Crafts (1991), p. 261.
注）表中の「ドイツ」は第2次世界大戦以降の期間については「西ドイツ」を指す(以下同様)。

1150万人を記録したが，84年には850万人まで減少した。とくに，製造業部門に限れば，この間，850万人から570万人まで急減している。このような「ものづくり」部門の雇用の減少が，いわゆる産業構造の高度化によるものであり，当該部門における生産の効率化によるものであれば，経済全体のパフォーマンスは問題とはならない。しかし，イギリス経済で実際に生じたことは，これら工業・製造業部門における就業者比率の低下が，経済全体のパフォーマンスが悪化したことと軌を一にしていることである。表2-1ほど長期間ではないが，就業者1人当たりの実質経済成長率の国別データが表2-2により与えられる。

表2-2は，平和時においてもイギリスの労働生産性(この場合，1人当たり実質所得に相当すると大まかに考えられる)の成長率が，他の先進国に比して相対的に劣ってきたことを示している。ただし，1973年の石油ショック後，とくに「サッチャー時代」と呼ばれる79年以降の成長率は他の先進国に比して遜色のないものである。では，これらの期間にイギリスでは，工業・製造業における生産性の上昇率が他国に比して高かったのであろうか。表中のこれら5先進国の産業構造と経済成長率の関係を，経済全体の生産性上昇への各産業部門の寄与度からみたのが表2-3である。

この表からは，イギリスにおける経済全体の生産性の成長には，サービス部門が大きく貢献してきたことがわかる。敗戦国でありながらも，戦後の経

表 2-3 就業構造と部門の生産性上昇率への寄与度
(1913-50, 1950-73, 1973-87 年の各期間ごと：％)

		農業	工業	サービス
1913-50	フランス	19.3(28)	66.5(35)	14.2(37)
	ドイツ	-8.0(22)	123.2(43)	-15.2(35)
	日本	8.3(48)	77.2(23)	14.5(29)
	イギリス	12.9(5)	56.7(47)	30.4(48)
	アメリカ	9.0(13)	47.1(33)	43.9(54)
1950-73	フランス	9.8(11)	49.1(40)	41.1(49)
	ドイツ	4.3(7)	62.4(48)	33.3(45)
	日本	6.4(13)	65.2(37)	28.4(54)
	イギリス	5.1(3)	46.2(43)	48.7(63)
	アメリカ	11.6(4)	41.0(33)	47.4(63)
1973-87	フランス	7.9(7)	52.7(30)	39.4(63)
	ドイツ	3.6(5)	52.7(40)	43.7(55)
	日本	3.6(8)	61.4(34)	35.0(58)
	イギリス	4.0(2)	50.9(30)	45.1(68)
	アメリカ	9.2(3)	45.0(27)	45.8(70)

出所) Crafts (1993), p. 16 より作成。
注) 寄与度は，各期間末のウエイトを用いて算出し，部門ごとの生産性変化をあらわす。カッコ内の数値は，各期間末の就業者比率である。また，「工業」部門は，製造業の他にガス・電力・水供給および建設業を含む。

済の優等生であるドイツ(西ドイツ)や日本に較べると，イギリスでは工業部門と同程度にサービス部門が経済全体の生産性上昇に大きく寄与しているという特徴が明らかである。

　イギリス経済のこの特徴は，他の先進国においても多かれ少なかれみられる傾向であり，特別なものではない。表2-4により，1人当たり所得と工業化の関係からこの傾向を確認しておこう。いずれの先進国においても，工業部門の就業者比率の低下と同部門の国民経済全体における付加価値比率の低下がみられた(ただしこれらのなかで，イギリスにおける工業部門の就業者比率の低下が最も顕著である)。ここでは実質所得の上昇が，単純な工業化のみによってもたらされるものではないことがみてとれる。

　工業部門の高い生産性と規模の経済性を前提に，高い所得の伸びは工業部門の雇用の増加によりもたらされる，と考えられがちである。この仮説はしばしば，Verdoorn's Law と呼ばれる。そこでは，工業部門の生産性の上昇

表 2-4 1973 年および 1989 年における実質所得と工業化水準の比較

	1973年			1989年		
	1人当たり所得	工業部門就業者比率(%)	工業部門からの付加価値比率(%)	1人当たり所得	工業部門就業者比率(%)	工業部門からの付加価値比率(%)
オーストラリア	10,331	35.4	38.1	13,584	26.5	31.0
ベルギー	9,416	41.5	40.4	12,876	28.5	30.2
カナダ	11,866	30.6	32.4	17,576	25.7	30.0
デンマーク	10,527	33.8	28.1	13,514	27.4	30.0
フランス	10,323	39.7	38.1	13,837	30.1	28.9
ドイツ	10,110	47.5	47.0	13,989	39.8	39.3
イタリア	8,568	39.2	42.2	12,955	32.4	33.8
日本	9,237	37.2	46.3	15,101	34.3	41.6
スウェーデン	11,292	36.8	34.8	14,912	29.4	30.8
イギリス	10,063	42.6	38.4	13,468	29.4	29.5
アメリカ	14,103	33.2	34.1	18,317	26.7	29.2

出所) Crafts (1993), p. 21 より作成。
注) 所得は，1985 年の購買力調整済みの US ドルで計られている。

率が他の部門よりも高いので，「脱工業化」により資源がサービス部門へ移動することは，経済全体の成長率を低下させるように考えられている。経済の成熟化段階での脱工業化が先進国の経済成長率のシフト・ダウンを必然的にもたらすのであれば，先進国と後発国との経済格差は縮小して然るべきである。しかし，現実の世界経済はそのような事態を示しておらず，脱工業化が先進国の経済を定常状態に導くとは必ずしもいえないのではないだろうか[2]。

2.3 成長会計からみたイギリスの経済成長

一般に経済成長の要因は，本源的生産要素の投入量の増加，生産の効率化や技術進歩にあると考えられる。国民総生産物を Y，生産要素である資本を K，労働を L，それ以外に生産関数をシフトさせる要因を T とおいて，生産関数を

$$Y = F(K, L, T) \tag{2-1}$$

と定式化する。任意の変数Xについて$G(X)=\Delta X/X$とあらわし，上式の差分をとって成長率のかたちであらわすと，

$$G(Y)=\frac{F_1 K}{Y}G(K)+\frac{F_2 L}{Y}G(L)+\frac{F_3 T}{Y}G(T) \\ =\alpha G(K)+\beta G(L)+G(T) \tag{2-2}$$

ただし，αおよびβは(2-1)式の資本および労働の生産弾力性であり，Tのそれを1とおいている。上式の前2項を，$\alpha G(K)+\beta G(L)=G(Q)$とおけば，$T$の成長率は$G(Y)$と$G(Q)$の差であることに注目しよう。$G(T)=G(Y)-G(Q)=G(Y/Q)$であり，$Y/Q$を全要素生産性(TFP：total factor productivity)と呼ぼう。すなわち，国民総生産物の成長率は，生産要素の投入の増加による部分と，全要素生産性上昇の寄与する部分とからなるのである。$\Delta Y/Y=\alpha\Delta K/K+\beta\Delta L/L+$TFPであるが，TFPは，経済成長率のうち資本および労働という生産要素の増加に帰する部分以外の「残差」部分でもある。

同じ量の生産要素を投入しても，その質や技術進歩，あるいは産業間における要素の配分等で，全体の経済成長率が異なることは当然である。全要素生産性の上昇率を決定するものとして，教育水準，規模の経済性，技術の導入，企業の研究開発支出等が指摘されている。今，1つの計測例をあげれば，表2-5のごとくである。

資本や労働といった物的投入の増加以外の要因が経済成長へ寄与する度合いがいかに大きいかがわかる。長期的な経済の衰退傾向にあるイギリスでは，アメリカと較べ，TFPの上昇率はそう見劣りするものではないものの，資本蓄積だけでなく，労働力の供給による貢献度が低かったことには注目してよいだろう。一方，戦後の高度経済成長期の日本において，成長の原動力として高い投資率の存在があったことはよく知られているが，労働力の供給およびTFP上昇の寄与も同様に大きかったことがいえる。黒田・吉岡・清水(1987)においても，わが国の高い経済成長への資本投入の貢献は認めるものの，「貢献度という点では，平均的にみれば，日米で資本の貢献に関して大差がなく，むしろTFPと労働投入の貢献度に大きな相違があると考えるべ

表 2-5　GDP 成長の要因　　　　　　　　　(年率：％)

	期間(年)	資　本	労　働	TFP	GDP 成長率
イギリス	1950–73	1.75	0.01	1.27	3.03
	1973–87	1.12	−0.19	0.82	1.75
アメリカ	1950–73	1.37	1.17	1.11	3.65
	1973–87	1.24	1.31	−0.04	2.51
ドイツ	1950–73	2.27	0.15	3.50	5.92
	1973–87	1.28	−0.49	1.01	1.80
日　本	1950–73	2.93	1.63	4.71	9.27
	1973–87	2.29	0.66	0.78	3.73

出所）Crafts (1993), p. 15. 原資料は Maddison (1991), p. 134, pp. 158–59。
注）表中の数値は(2-2)式以下の説明に従って推計されているが、Maddison (1989, 1991)では $\alpha=0.3$, $\beta=0.7$ とし、さらに資本と労働の質の変化も考慮に入れて推計されている。

き」(p. 83)だという[3]。

　先に指摘したように，工業部門からの労働力の流出が必ずしも経済成長の低下を引き起こすとはいえない。ただ，上述の成長会計による数値からは，労働力供給の低下が経済全体のパフォーマンスに対して単純にマイナスの影響を与えたとはいえず，全要素生産性で示される技術進歩の果たす役割が大きいことを認識しなくてはならない。以上のことから，工業部門における資源のウエイトの変化，および生産性とそれらの経済成長への貢献度の関係は，Verdoorn's Law が単純にはあてはまらないことをうかがわせる[4]。

　すでに述べたように，イギリスの農業部門就業者比率は 2％ そこそこであり，他部門への労働力供給の余裕はない。製造業部門の規模の経済性を前提に，高い所得の伸びは製造業部門への資源(とくに雇用)の増加によりもたらされる，という仮説が妥当なものであれば，製造業から雇用が流出し続けるイギリス経済の成長の源泉は，資本投入の増加，労働の質の改善，そして技術進歩の代理変数である全要素生産性(TFP)の上昇ということになり，「技術進歩」が最も重要な要素となるだろうが，果たしてその現実性はいかがであろうか。この疑問に答える前に，次節では，イギリスにおける「脱工業化」＝「経済のサービス化」がどのように理解されているのかを簡単にみておこう。

表 2-6 輸入における商品構成(財貨のみ)　(%)

	1955	65	70	75	80	85	88年
食料・たばこ	36.9	29.7	23.6	18.0	12.2	10.6	9.8
基礎資材	29.0	19.3	13.7	8.4	7.4	6.0	5.4
燃料	10.6	10.6	8.3	17.5	14.2	12.8	4.6
小計	76.5	59.6	45.6	43.9	33.8	29.4	19.8
半製品工業生産物	17.9	23.8	29.2	23.9	27.3	24.8	27.5
最終工業生産物	5.3	15.4	24.6	29.9	36.6	44.0	50.9
工業生産物小計	23.2	39.2	53.8	53.8	63.9	68.8	78.4

出所)　Curwen (1990), p.150 より作成。また，Foreman-Peck (1991), p.154 も参考にした。

注)　分類不能を除外してあるので、合計は 100% にならない。

2.4　サービス経済化—脱工業化—の仮説[5]

(1)　経済の成熟化仮説(The Maturity Thesis)

　イギリス経済の停滞の最も大きな要因は，しばしば，成熟化段階での工業部門から第3次産業部門への雇用の流出，「脱工業化」，によるのではないかと指摘される。各年の産業連関表・貿易統計等からわかることは，1960年代半ばから工業生産物の最終財だけではなく中間財の輸入も増加し，国内製造業はその活動を縮小していったということである。この意味でイギリスにおいては，脱工業化は同時に産業の(工業の)空洞化でもあった。イギリスでは，製造業部門の生産性上昇が他の先進国に比して劣ってきたことも上述より明らかで，それが国際競争力の低下を通じて国際経済におけるイギリスの地位低下を招いたのではないかということも指摘されている。たとえば，財貨(visible goods)輸入の GDP に対する比率は，60年のおよそ 10% から，80年に 19.76%，90年に 21.92% と上昇し，その構成も表2-6のごとく推移してきた。

　このように，イギリスでは中間投入物(部品)を含む工業生産物の輸入が増加していることは明らかであり，「輸入浸透」(import penetration)が進行しているとさえいう論者もいる。その一方で，世界の工業生産物輸出市場におけるイギリスのシェアは，50年の 25.5% から，70年に 10.8%，さらに 88年

には8.3%へと急激に下がり(Crafts and Woodward (1991), p. 12)，その地位が低下している。イギリスでは，1966年に第2次産業就業者数がピークの1150万人を数えたが，84年には850万人まで減少し，とくに製造業では850万人から570万人へと減少傾向が続いた[6]。もちろん，これら部門の経済全体に占めるウエイトも低下しており，脱工業化と産業の空洞化が同時に進行しているものと思われる。

経済発展の初期段階から中間段階までは，工業部門とサービス部門の増大が農業部門から流出する労働者でまかなわれ，シェアが増大する。後期の成熟段階に達すると，農業部門の雇用はごくわずかとなり労働力供給の余力は失われ，サービス部門の増大は工業部門を食うかたちで進むから，工業部門の雇用は縮小する。イギリスでは，1955年に農業部門の就業者比率は5.4%，その後サービス部門が81年までに15.0%増大したが，この雇用増部分は工業部門から供給される他はない[7]。

このプロセスで経済成長率が低下するという成熟化仮説においては，成熟段階での脱工業化が不可避的な現象であると考えられる。ただ，成熟段階で工業部門の生産性が高まり，生産水準の増加があれば，経済全体のパフォーマンスはよく，サービス部門の成長もあり，失業問題は起こらないだろう。このような脱工業化は，「ポジティブな脱工業化」(positive de-industrialization)と呼ばれる。工業生産物の内容の変化，たとえば生産物の高付加価値化も図られるから，脱工業化のプロセスで産業の空洞化も同時に起こるとは単純にはいえない。

これとは逆に，工業部門の生産性の上昇が滞り生産物の質的改善に立ち遅れれば，国際競争力は低下し輸入の増加に見まわれ，産業の空洞化により工業部門から雇用が吐き出されることになろう。このとき，サービス部門での雇用吸収力が十分でなければ失業問題が深刻になる。このような脱工業化は，「ネガティブな脱工業化」(negative de-industrialization)と呼ばれる。他の先進工業国と較べて，この仮説に最もよくあてはまるのがイギリスの(ネガティブな脱工業化の)ケースであると，Rowthorn and Wells(1987)は指摘している。

(2) 国際分業における特化仮説(The Specialization Thesis)

　製造業における雇用減少が「貿易構造」によりもたらされた，とする仮説である。戦後の復興を経て，イギリスは「加工立国」型の経済体質に戻った。たとえば，1950-52年の製造業部門の貿易「黒字」は平均してGDPの10.5％，一方，農林水産業，建築・土木，(広義の)サービスよりなる非製造業部門の貿易「赤字」は同じく13.3％であった。食料および原料の輸入の必要性に対して，戦前に輸出の稼ぎ手であった石炭の輸出が減少しサービス輸出も減少し，これに輸入価格の上昇と海外資産の減少・金融部門の落ち込みが加わり，国際収支が悪化した。そこで，収支がバランスするために製造業部門からの輸出が要請された。政府は輸入障壁を設け，輸出奨励が行われた。50年代はじめには，イギリスの役割は「工場経済」(a workshop economy)にある，といわれたほど製造業の役割は大きかった(Rowthorn and Wells (1987), p. 219)[8]。

　しかし，80年代に入ると，非製造業部門の貿易「赤字」が「黒字」に転換する。81-83年には，GDPの1％とわずかであるが，この部門の貿易が黒字となった。一方，製造業部門の「黒字」がゼロに近づき，続いて赤字化した。これは，イギリス製造業の国際競争力が衰退したからだと単純にはいえない面もある。50年代には輸入食料品や原材料が低価格であったが，国内の食料生産が伸びて輸入の必要がなくなり，加えて新しい生産方法の導入は従来のような原材料を必要とはしなくなり，工業生産物の輸入は中間財も含めて増加したが，これらは前掲の表2-6において確認したごとくである。そうして，GDPに対する工業生産物の輸入比率は上昇し，輸出比率は低下したが，70年代半ばには北海油田の操業開始によってイギリスは産油国となり，輸出商品の構成にも変化がみられた。

　一方，民間航空輸送，コンサルタント，および金融などのサービス輸出が増加し，サービス部門の収支は黒字に転化した。イギリスは，製造業部門が非製造業部門の赤字を埋め合わせる必要がなくなったのである。それは，世界経済のなかでイギリスが果たすべき役割，どの部門に特化すべきか，に変化が生じたことを意味するのである。この「特化」は当然，国内の就業構造

表 2-7 イギリスの国際収支の推移(財貨・サービス別)　(百万ポンド)

	貿易財	1965	70	75	80	85	90年
輸出	財貨	4,848	7,907	18,768	47,149	77,991	102,038
	サービス	2,871	5,006	11,038	41,041	80,022	117,350
輸入	財貨	5,071	7,932	21,972	45,792	81,336	120,713
	サービス	2,674	4,248	9,507	39,555	73,799	113,055
収支	財貨	−223	−25	−3,204	1,357	−3,345	−18,675
	サービス	197	758	1,531	1,487	6,222	4,295
	うち金融および他のサービス	718	1,254	2,283	3,883	7,510	9,714

出所)　CSO, *Annual Abstract of Statistics*, *KEY DATA*, 各年版より作成。

を変える。この仮説では，国際経済上のいわば「外部の」条件が国内産業構造という「内部の」条件を変えてしまう，というのである。

　表2-7から明らかなように，財貨(visible goods)とサービス(invisible goods)の貿易の推移をみれば，65年にはサービス部門の輸出が両部門合計輸出額の37.2%であったものが，90年には53.5%へと急拡大しており，「金融および他のサービス」に代表されるサービス部門の黒字幅は拡大してきている。それに反して，財貨(visible goods)部門では北海油田の操業による石油輸出の貢献があるものの，赤字傾向は改善されるどころか赤字幅は拡大している。それと同時に工業部門における商品構成の大きな変化があり，これらの変化が脱工業化プロセスと同一の時期に生じていることも事実である。

　さらに，国際収支のバランスを維持するためにイギリスの産業構造が変化せざるをえないという観点から，同様の主張もなされている。70年代のイギリス製造業生産物の輸出における需要の所得弾力性は，イギリスの輸入における需要の所得弾力性よりも小さい。この場合，世界経済の成長と共に，経常収支に変化が生じる。つまり，イギリスにおける経常収支赤字化が予想される。経常収支のバランス維持のために国内購買力上昇の抑制が必要だから，これは経済成長に対して抑止的に働き，結果としてイギリス経済の成長が低下せざるをえない，というのである。しかし，イギリスの他には戦後これほど急激に貿易構造が変わった先進工業国はないし，サービス部門のバランスがこれほど急激に改善した国もない。とすれば，この仮説は，脱工業化

の一般的な仮説ではなく，独りイギリスのケースを説明するだけの ad hoc なものではないかという批判がなされよう。

(3) 失敗仮説(The Failure Thesis)

製造業部門就業者の減少は，経済全体の失敗の兆候だとする考えである。それは，国際競争に敗北し，完全雇用経済を維持するだけの生産力を保てなくなったことを意味している。この仮説は以下のような命題にまとめられよう(Rowthorn and Wells (1987), p. 221)。

(a) イギリス経済は，所得および雇用の面で貧しい成果しかあげてこられなかった。
(b) これはイギリス製造業の成果が貧しかったことに起因している。
(c) そもそも，イギリス製造業の成果がよかったなら，製造業部門の生産はもっと大きなものであったはずだ。
(d) これは非製造業部門の活動をよい方向に刺激し，サービスを含む非製造業部門での雇用をつくり出したはずだ。
(e) 最後に，イギリス製造業部門の生産活動がもっと活発であったなら，製造業部門の就業者の数もそのシェアもこれほど急速に減少はしなかったはずだ。

たしかに，石油部門を除いた GDP は，1973-83年に2%下落した。1953年にはイギリスは最も豊かな6カ国に入っていたが，83年には先進工業国のなかでも貧しい部類に落ち込んだ。この期間の先進工業12カ国の平均年成長率が2.9%であるのに対し，イギリスのそれは2.0%にとどまった。とくに73年の石油ショック以降のパフォーマンスが悪い。73年以降，OECD主要6カ国では製造業の生産が平均で15%増加したのに対して，イギリスでは，73-82年の間に18%下落した。これらの「成果」が経済厚生の面で果たす負の役割の影響を考えなければならない。

労働生産性でも，イギリスの成果は国際レベルより低い水準で推移した。

表 2-8　主要国における就業者 1 人当たりの R&D 支出

(1980 年 US ドル)

	1965	1970	1975	1980	1985年
イギリス	290	314	322	381	464
アメリカ	670	670	606	636	810
フランス	247	291	326	382	536
ドイツ	200	318	395	492	612
日本	111	206	270	353	544

出所）　Crafts (1991), p. 287.

　73-83 年の期間，製造業の 1 人時間当たり生産において，OECD 主要 6 カ国が平均 34% 上昇したのに比し，イギリスは 22% でしかなかった。この製造業の弱さが，イギリスが相対的に「貧しく」かつ高失業率であることの原因である。製造業がもし強ければ，量だけでなく工業製品が多様になり，あらゆる分野で財やサービスの補完性が強まり，公共支出を保健衛生や教育にもっと向けることが可能であろう。そして，製造業部門の強化は旧い業種から新しい業種への資源の移動を可能にし，経済のあらゆる分野の生産・雇用を増大することにつながる。

　強い製造業が，労働生産性の上昇によるものとしよう。生産性上昇のゆえに，製造業部門の生産物の増加は，それほど多くの雇用の増加を必要とはしない。雇用増加は，非製造業部門で生じるだろう。このケースでは，製造業部門の雇用の「シェア」は縮小する。しかし，今日のイギリスは，労働生産性が向上せずに，しかも製造業部門の雇用のシェアが大幅に下がった。

　また，Freeman(1982) は，イギリス経済の衰退は，技術革新の弱体化と（技術変化を遂行する）マネジメントの弱さにあるという。発明や革新がどの程度なされるかが，国際競争力を高め輸出面での成果に結びつく。50 年代のイギリスは R&D 支出比率で高いランクにあったが，多くの割合が航空機と軍需産業に向けられ，機械産業においては少なかった。さらに 60 年代以降は表 2-8 にみられるように，他の先進国に比して R&D 支出が停滞し，それが国際競争力衰退の一因だと指摘されている。

表2-9 GDPにおける投資割合（期間平均の投資率） (%)

	1950-59	1960-67	1968-73	1974-79	1980-87年
イギリス	14.6	17.7	19.1	19.3	16.9
アメリカ	17.4	18.0	18.4	18.7	17.9
フランス	17.5	23.2	24.6	23.6	20.5
ドイツ	20.7	25.2	24.4	20.8	20.5
日本	23.3	31.0	34.6	31.8	29.0

出所　Crafts and Woodward (1991), p. 10.

(4) 政府部門の肥大化仮説(Too Few Producers Hypothesis)

Bacon and Eltis(1976)は，製造業とサービス部門というよりは，市場経済部門と非市場経済部門との間で資源の配分が大きく変化したことに着眼する。消費水準を超える生産物は，（純）輸出，投資，そして非市場部門へ振り分けられる。しかし，1960年代以降，政府部門が市場部門の生産のより多くの割合を「取り上げて」きたことに注目する。利潤への課税が増すことにより，再生産的な投資が減少し長期の成長率も低下した，とされる。まず，他の主要国に比して経済全体の投資がどのように推移してきたかをみておこう（表2-9参照）。

この表より，イギリスの投資率が他の主要国に比して低い水準のままで推移してきたことは明らかである。それでは，投資率と利潤率の関係はどうであろうか。先に指摘したように，政府部門の肥大化は，増税を不可避にし，利潤率の低下をもたらし，結果として経済成長の源である資本蓄積を停滞せしめたことが推測できる。利潤，資本ストック，投資，国民生産物の間には次式のような関係がある。利潤および投資を Π および I として，

$$\frac{\Pi}{K} \equiv \frac{\Pi}{Y}\frac{Y}{K} \qquad (2\text{-}3)$$

および

$$\frac{\Delta K}{K} \equiv \frac{I}{K} \equiv \frac{I/Y}{K/Y} \qquad (2\text{-}3)'$$

これらの関係を用いて，イギリスとドイツのパフォーマンスを比較したものが表2-10である。ドイツに較べてイギリスの低い資本利潤率は，資本の

表 2-10　イギリスとドイツの製造業における投資，利潤，および資本生産性

(%)

	イギリス				ドイツ			
	1964	1973	1979	1987年	1964	1973	1979	1987年
投資／産出	12.4	11.2	13.2	11.5	13.7	11.6	11.2	12.7
利潤／産出	31.0	26.9	22.4	33.7	35.2	31.2	28.8	30.3
産出／資本	39.1	34.6	29.0	29.8	52.2	52.9	50.0	48.2
利潤／資本	12.1	9.3	6.5	10.0	18.4	16.5	14.4	14.6

出所）　Crafts (1991), p. 278.

生産性の低さに起因しているだろうから，利潤・産出比率の高さにかかわらず，投資率(投資・産出比率)が低く，長期的な低成長の原因となっているのである。これら製造業部門の低いパフォーマンスは，政府部門の肥大化と国営企業の低い生産性(非効率な運営)による，としばしば指摘される。たとえば，Thatcher(1979)は，政府支出の増加は課税の増加となり，賃金上昇圧力を増し，そうでなかった場合よりも利潤からの分け前を多く要求することになり，利潤の減少を招き，投資支出と経済成長率を鈍化させる，という。

　たしかに，イギリスにおける政府部門の対GDPシェアは一貫して上昇し，1974-79年には44.3％，80-87年には46.7％に及び，アメリカおよび日本よりも10ポイント以上高い。イギリスでは，国営企業の生産性も民間に比して低かった。しかし，79年のサッチャー政権の誕生は，これらの事情を大きく変えたようにも思われる。たとえば，国営企業の生産性は，民営化が推進されたこともあり，大きく改善されてきている[9]。しかし一方で，経済全体における政府部門の支出シェアが低下したわけではない。80年代ドイツの政府支出の対GDPシェアはイギリスのそれよりも高いにもかかわらず，投資率や利潤率の格差は上にみたごとくである。このような事実から，この仮説の妥当性に大きな疑問が指摘されている。

2.5　産業構造変化の数学モデル

　上にあげた仮説は，戦後のイギリス経済が衰退した原因を探るものであるが，いずれも基調には，資源が工業(製造業)部門からサービス部門へと移動

した事実を重視している。とくに「成熟化仮説」においては，産業間の資源（就業者）の移動が不可避的で，一般法則として他の先進諸国にもあてはまるかのような印象を与える。もしこの仮説が一般的にあてはまるのであれば，世界経済において先進国と後発国との間の経済格差は長期的には解消し，後発の高い経済成長を遂げている国の成長率は，先進国のそれに「収斂」するはずである。

　工業部門における規模の経済性および農業部門における労働供給の可能性を前提にしてこの仮説は成立している。だから，農業部門の就業者比率が限界的な低水準に至れば，工業部門の拡大が止み，経済全体の成長率が低下する，というのである。この仮説は，「動学的規模の経済性」とも呼ばれ，Kaldor(1966)によって定式化されたことで知られている。すなわち，p_m を工業部門労働者1人当たりの産出成長率，l_m を工業部門の雇用成長率，$b>0$ として，

$$p_m = a + bl_m \tag{2-4}$$

とあらわされる。この Kaldor の仮説は，工業化による経済発展という後発型経済にはあてはまるかもしれないが，いくつかの計量分析により，イギリス経済にそのまま妥当しないことが指摘されている。ただ，上院の報告書（House of Lords(1985)）では，国際収支における経常収支を改善し，経済発展の制約を取り払うことを重視して，この仮説が支持されている[10]。

　第2節の表2-1におけるイギリスの長期の(就業者の累積比率でみた)産業構造の変化は，おおよそ図2-1のごとくに描かれる。他の先進国においても，このパターンは一般的であるとして，Rowthorn and Wells(1987)は，産業ごとに生産性が異なることにより，産業構造の変化が経済成長のプロセスにおいてどのような態様をみせるかをモデル化した。以下，産業構造の変化を明示的にあらわす彼らのモデルを紹介しよう。このモデルは，第1章において示した，サービス部門の拡大はもの部門の派生的需要による，という前提よりはいっそう成長モデルの枠組みで展開されるもので，図1-1および図2-1に示されるような産業ごとの就業者比率の変化を描写しており，ここに

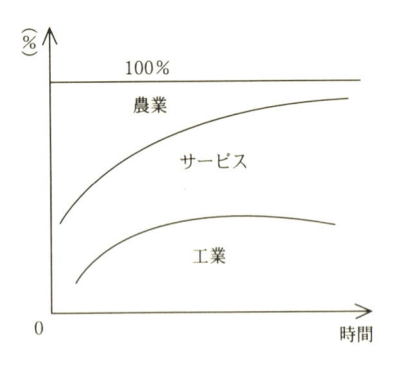

図 2-1　就業者比率（累積％）

紹介するのである。

まず，経済発展の基本的な特徴を

(1) Engel の法則にあるように，食料に対する需要は所得非弾力的である，
(2) サービスに対する実質需要は実質所得の伸びと軌を一にする，
(3) サービス部門における労働生産性の上昇は他の部門よりも低い。このことが動態的経済の長期における最も大きな特徴をもたらす，

という命題であらわす。産出をXとし，農業，工業，サービス部門の産出にそれぞれ，a, i, s のサブスクリプトをつけてあらわせば，

$$X = X_a + X_i + X_s \tag{2-5}$$

である。1人当たり食料消費は時間を通じて一定である，と仮定しよう。また，全人口に占める就業者の割合も一定(f, $0<f<1$)であるとしよう。人口をN，総就業者数をLとして，

$$X_a = dN \quad および \quad L = fN, \quad d > 0 \tag{2-6}$$

である。上式より，$b = d/f$ として，

$$X_a = bL \tag{2-7}$$

とあらわされるから，b は農業部門の労働生産性でもある。任意の時点におけるサービス部門の実質産出量の全部門に対する比率を c とすれば，$X_s = cX$ だから，

$$X_i = (1-c)X - bL \tag{2-8}$$

次に，これまで述べてきたように，長期的には，サービス部門の生産性上昇率は，工業部門のそれよりも低い。各部門の労働生産性上昇率が時間を通じて一定であり，(簡単化のために)工業部門の生産性上昇率が農業部門と同一であると仮定し，サービス部門の労働生産性上昇率を α とおけば，各部門の就業者1人当たり産出は，初期値に0をつけて

$$y_s = y^0 e^{\alpha t}, \quad y_i = y^0 e^{\lambda \alpha t}, \quad y_a = y^0 e^{\lambda \alpha t} \tag{2-9}$$

である。ただし便宜上，初期時点における1人当たり産出 y^0 は各部門同一，と仮定している。前述の仮定より，$\lambda > 1$ であり，

$$y_r = \frac{X_r}{L_r} \quad r = a, i, s$$

である。これらの定義を用いて経済全体の総雇用は，

$$L = \sum_r L_r = \sum_r \frac{X_r}{y_r} \tag{2-10}$$

であるから，(2-9)式を用いて

$$L = \frac{1}{y^0}(X_s e^{-\alpha t} + X_i e^{-\lambda \alpha t} + X_a e^{-\lambda \alpha t}) \tag{2-11}$$

さらに，(2-6)，(2-7)，および(2-8)式を用いて

$$L = \frac{1}{y^0}\{cXe^{-\alpha t} + [(1-c)X - bL]e^{-\lambda \alpha t} + bLe^{-\lambda \alpha t}\} \tag{2-12}$$

これをさらに整理して経済全体の就業者1人当たりの産出 $(y = Y/L)$ は，

$$y = \frac{y^0}{c} e^{at} \frac{1}{1+[(1-c)/c]e^{-(\lambda-1)at}}$$
$$= \frac{y_s}{c} \frac{1}{1+[(1-c)/c]e^{-(\lambda-1)at}} \quad (2\text{-}13)$$

となり，サービス部門の生産性に制約される。t が無限大に近づけば明らかに，

$$\frac{y}{y_s} \to \frac{1}{c} \quad (2\text{-}14)$$

で，経済全体とサービス部門の生産性比率は一定値へ収束する。

　一方，就業者比率はどのように推移するだろうか。各部門の就業者比率 P_r は，

$$P_r = \frac{L_r}{L} \quad \text{および} \quad P = \sum_r P_r = 1 \quad r = a, i, s \quad (2\text{-}15)$$

農業部門の就業者比率 P_a は

$$P_a = \frac{L_a}{L} = \frac{L_a}{X_a}\frac{X_a}{L} = \frac{1}{y_a}\frac{bL}{L} = \frac{b}{y^0}e^{-\lambda at} \quad (2\text{-}16)$$

となり，農業部門の労働生産性と，経済全体の初期時点における生産性により決定されることになる[11]。

　また，サービス部門の就業者比率は，

$$P_s = \frac{X_s}{X}\frac{X}{L}\frac{L_s}{X_s} = cy\frac{1}{y_s} \quad (2\text{-}17)$$

と，サービス部門および全体の生産性のみならず，サービス需要比率によって決まる。(2-13)式を用いれば，

$$P_s = \frac{1}{1+[(1-c)/c]e^{-(\lambda-1)at}} = \frac{1}{1+[(1-P_s^0)/P_s^0]e^{-(\lambda-1)at}} \quad (2\text{-}18)$$

となり，時間の推移と共にサービス部門の就業者比率が1に近づくことがわかる。他方，工業部門の就業者比率は，$P_i = 1 - P_a - P_s$ だから，

$$P_i = 1 - P_a^0 e^{-\lambda at} - \frac{1}{1+[(1-P_s^0)/P_s^0]e^{-(\lambda-1)at}} \quad (2\text{-}19)$$

とあらわされる。工業部門就業者比率の変化は，

$$\frac{dP_i}{dt} = -\frac{dP_a}{dt} - \frac{dP_s}{dt}$$

より，$P_a = P_a^0 e^{-\lambda\alpha t}$ と $P_s^0 = c$，なる関係を用いて

$$\begin{aligned}\frac{dP_i}{dt} &= \lambda\alpha P_a - (\lambda-1)\alpha(1-P_s)P_s \\ &= \lambda\alpha P_a - (\lambda-1)\alpha(P_a + P_i)P_s \\ &= (\lambda-1)\alpha P_a\left[\frac{\lambda}{\lambda-1} - P_s\left(1 + \frac{P_i}{P_a}\right)\right]\end{aligned} \quad (2\text{-}20)$$

とあらわされる。

　dP_i/dt の符号，すなわち，時間の経過と共に工業部門の就業者比率がどのように変化するかは，その時点の工業部門と農業部門の就業者比率，P_i/P_a，に依存する。後発国で，農業部門の就業者比率が十分に大きければ，工業部門の拡大が生じるだろう。しかし，すでに先進国で農業部門のウエイトが非常に小さければ，時の経過と共に工業部門の比率は低下せざるをえない。イギリスをはじめとする，先進国の経済発展の歴史過程でみられるような，工業部門の発展からサービス部門のウエイトの増加，さらに工業部門のウエイトの低下，というプロセスがみてとれるのである。上のモデルでは，Verdoorn's Law と呼ばれる仮説，すなわち，工業部門の高い生産性と規模の経済性を前提に，高い所得の伸びは工業部門（とくに製造業部門）の雇用の増加によりもたらされるという考え方による経済発展のパターンをよくあらわしているようにみえる。しかしながら，経済全体のパフォーマンス，たとえば1人当たり実質所得や成長率，についてはさらに別の角度からのアプローチが必要とされることもまた明らかである。

2.6　むすびにかえて

　以上，イギリスの経済発展のプロセスを，「工業化」そして「脱工業化」——「サービス経済化」——をキーワードにみてきた。就業構造や産出比率

でみて，第2次産業から第3次産業へのウエイトの移行は，「脱工業化」とか「経済のサービス化」と呼ばれる。製造業における規模の経済性を前提に，工業部門へ資源配分のウエイトが増し，経済発展が実現していくプロセスは，Verdoorn's Law と呼ばれる。工業部門(製造業部門)のウエイトの低下は，経済全体のパフォーマンスに悪い影響をもたらすものであろうか。

　「脱工業化」により資源がサービス部門へ移動することが国際競争力の低下を必然的に招くか，生産性の停滞を必然的にもたらすものか，という設問に単純な答えはない。本章では，イギリス経済を事例に取り上げ，このような問題関心から，「脱工業化」の問題を考察してきた。脱工業化の原因とその結果について，イギリスで取りざたされてきた4つの仮説は，いずれも部分的には正しそうに思われる。しかし，ここでの関心は，それらの仮説の優劣を比較し論じることではない。むしろ，イギリスにおいて典型的にあらわれた，「脱工業化」＝「経済のサービス化」を経済発展の方向としてどのように位置づけ，国民経済の豊かさとどのように関連させて考えるべきかという問題提起をしたい。

　Sargent(1979)は，輸出において製造業部門が衰退しサービス部門に取って代わられているのは，イギリスのサービス産業が国際競争力の面で比較優位にあるからだという。サービス部門はどちらかというと労働集約的で，需要の所得弾力性が大きい。彼は，将来には，工業製品の「もの」貿易よりも，サービスの貿易によってイギリスはより大きな利益を受け取ることができるであろうと予想した。たしかに，イギリスのサービス部門の国際競争力は高く，金融その他を中心としたサービス部門収支の黒字は拡大してきている。また，製造業部門では資本-産出比率が上昇し，投下資本利潤率は低下している。製造業部門の利潤シェアは低下し，投資額シェアも増加していないのに較べて，サービス部門の利潤シェアは増加し，経済成長への貢献度も大きくなっている。このことは，サービス部門での投資が将来的にも増加することを推測させる。Sargent の期待に応えて，サービス部門はイギリス経済を蘇らせうるだろうか。もしそうであれば，サービス化経済の段階に入ったと思われる，わが国の経済の将来にどのような産業政策が用意されるべきだろ

うかという課題を解かなければならない。

　筆者は，Matsumoto(1996)において，「もの」産業と「非もの」産業(サービス産業)の関係を一方的な因果関係においたり，二者択一的な観点からとらえるべきでなく，両産業の相互依存関係にもっと注目すべきことを主張した。その上で，サービス産業それ自体が自生的に成長し，経済成長に貢献しうることが期待されると考える。それまでの農・工業部門からのサービス需要増加の他に，サービス部門への新たな需要を生み出すことを通じて経済全体の成長を可能にするという側面を強調したい，と考えるのである。次章でこの問題を考える。

1) 最近の日本経済について，製造業部門に比して低い第3次産業部門の生産性の改善が「規制緩和」の目的の1つとして取り上げられている。
2) 経済成長率のシフト・ダウンの原因として，製造業におけるマネジメントの能力(人材)の減少，短期主義，品質などの非価格競争力の衰退をあげる論者も多い。
3) 黒田・吉岡・清水(1987)は，産業間の波及効果と経済成長の関連を分析した注目すべき研究である。彼らの結論の1つに，日本経済では資本投入など，資源配分の部門的変化，構造的変化の大きいことがあげられている。この結論は，すでにMatsumoto(1996)で明らかにしたものと同一である。
4) 経済の好・不況という循環的な変動から雇用と生産量，そして生産性を重視し，Verdoorn's Lawを否定するChatterji and Wickens(1983)もある。
5) 本節は，主としてRowthorn and Wells(1987)による。ただし，Blackaby(1979)およびCrafts and Woodward(1991)も参考にしている。
6) 両数値の差は，第2次産業に鉱業および建設・土木業を含んでいるためである。また，これまでの叙述より明らかであろうが，筆者は，経済が成熟化段階に達してなお第3次産業の拡大という産業構造の変化が可能となるために第2次産業部門からの就業者の移動が不可欠であり，そのような移動を通じた第2次産業部門のウエイトの縮小を「脱工業化」(de-industrialization)と呼んでいる。産業の空洞化も"de-industrialization"でいいあらわされることがあるが，本書における"de-industrialization"の意味はBlackaby(1979)にならい，以上の意味で用いている。
7) ただし，いつ「成熟段階」に達したとするのかに問題が残るが，Rowthorn and Wells(1987)は，工業部門の雇用者の増加が減少に転じる「ターニング・ポイント」を，1人当たり所得がおよそ4000 USドル(1975年価格)と推定している。
8) 戦後のイギリス貿易では，世界市場における輸出シェアが低下しただけではなく，

総じて製造業部門の財貨の輸出が落ち込み(大戦直後は全輸出の8割以上,1983年は65%),輸出品目にも,ドイツなどと比べて大きな違いがある。イギリスでは繊維製品の輸出シェアが戦前の約1/10の2%台に減少し,70年代半ばから石油の輸出が20%以上を占め,輸送機器9.0%,電子機器5.4%,工作機械2.4%である。他方ドイツでは,自動車18.5%,電子機械7.3%である(1983年数値)。

一方,輸入についても大きな変化がみられる。大戦直後に,食料41.2%,基礎資材29.9%,工業製品17.4%だったものが,1983年には,それぞれ6.4%,2.3%,68.0%(うち完成品は約30%)と変化した。また,後に述べるように,財貨のバランスは70年代に入ってマイナスとなったが,サービスのバランス(invisible balance)は,逆に大きな黒字である。これらの動向は,Crafts and Woodward(1991)に詳しい。また,参考までに表2-6の対として,財貨(visible goods)の輸出構成をみれば次のとおりである。

表2-11 輸出における商品構成(財貨のみ) (%)

	1955	65	70	75	80	85	87年
食料・たばこ	6.0	6.6	6.2	7.1	6.8	7.5	7.0
基礎資材	3.9	4.0	3.2	2.7	3.1	2.8	2.8
燃料	4.9	2.7	2.2	4.2	13.6	11.9	11.0
小計	14.8	13.3	11.6	14.0	23.5	22.2	20.8
半製品工業生産物	36.9	34.6	34.4	31.2	29.6	28.8	28.2
最終工業生産物	43.5	49.0	50.2	51.0	44.0	46.0	48.1
工業生産物小計	80.4	83.6	84.6	82.2	79.6	74.8	76.3

出所) Curwen (1990), p. 150 より作成。
注) 分類不能を除外してあるので,合計は100%にならない。燃料の約95%は石油である。

9) 主要な国営企業の労働生産性をイギリス製造業全体のそれと比較してみる。

表2-12 労働生産性(1人当たり生産額)の年平均変化率 (%)

	1948-58	1958-68	1968-73	1973-78	1978-85年
British Rail	0.3	4.3	2.7	-1.2	3.9
British Steel			2.5	-2.7	12.6
Post Office			-1.4	-1.2	2.3
British Telecom			7.7	8.6	5.8
British Coal	0.9	4.7	0	-1.4	4.4
Electricity	4.6	8.0	8.7	1.9	3.9
British Gas	1.6	5.5	10.8	6.2	3.8
National Bus	-0.6	-1.4	1.9	-3.0	2.1
British Airways	14.0	8.9	7.7	5.7	6.6
イギリス製造業全体	1.9	3.7	4.4	1.0	3.0

出所) Dunkerley and Hare (1991), p. 407.

サッチャーおよびその後の保守党政権による国営企業の民営化の経済的評価はまだ定まっていない。中村(1996)が指摘するように，サッチャーの政策スローガンの1つは，property-owning democracy, popular capitalism の実現であった。「民営化」はその実現のための一石二鳥にも三鳥にもなりうる政策であるように思われた。たしかに，国有企業の生産性上昇率は他企業に較べて低く，国有企業の民営化による資産売却収入は財政に貢献した(それがあって，所得税の減税が可能となった面もある)。Dunkerley and Hare(1991)も参照のこと。しかしこれらの問題は本章のテーマではないので，民営化による経済改革それ自体の問題には触れない。

10) House of Lords(1985)を参照。イギリスのサービス産業の国際競争力は高く，製造業製品に替わり，経常収支の赤字削減に貢献していることはすでに指摘した。しかし1990年時点で，サービス部門のバランス(invisible balance)が黒字といっても，「もの」(財貨)部門赤字(visible balance)の1/4程度であり，95年にはおよそ1/2と，もの部門の赤字を埋めるまでには至っていない。

11) (2-16)式は，$P_a^0 = b/y^0$ であるから，$P_a = P_a^0 e^{-\lambda a t}$ である。

第3章　サービスともの部門の相互依存

3.1　はじめに

　これまで，経済のサービス化の進展がもたらす問題を，経済全体の観点からみてきた。経済の中心的な役割を果たす産業活動のサービス化への傾斜は，アメリカでもイギリスでもみられたものであるが，とくに「世界の工場」として時代を画したイギリスでは，農業部門の就業者比率が今世紀初頭にはすでに一桁で，近年では2％程度で推移しており，工業部門へ労働力を供給するプールがすでに枯渇し，アメリカと並んで先進国中で最も早く経済活動のウエイトがサービス部門へ移動している。サービス部門は工業部門に比して生産性が低いことはよく指摘されているから，このことは，経済全体の成長率を引き下げる結果となったのではないかと推測させる。低成長率のもとで，経済資源が工業部門から流出したことのひとつの経済的帰結として，イギリスは長い間，低い経済成長率だけでなく，高い失業率に喘いできた。いわゆる「ネガティブな脱工業化」を体験してきたのである。「脱工業化」＝「経済のサービス化」という成熟段階に至ることにより，イギリス経済に生じた事態は，わが国の経済においても避けることのできないものであろうか。経済の活性化や「豊かな社会」の実現に向けてどのような政策手段が必要となるだろうか[1]。

　このような関心をもってわが国の経済のサービス化をみるとき，経済活動

分野のウエイトの移行(産業構造の変化)と経済成長の関係という，いわば単線的な見方だけではなく，産業間の相互依存関係の変化という視点からも考察することが重要と考える。経済のサービス化は単に，工業部門(あるいは製造業)の活動の相対的減退を意味するのではなく，産業のよりいっそうの高度化をも伴っていることが期待される。よくいわれる，産業の高付加価値化や高度知識集約化は，工業部門およびサービス部門にそれぞれ独立に生じるものではなく，それらの相互依存関係がいっそう緊密化することを通じてなされるであろうからである。もちろん，産業，とくに製造業における生産の効率化や高付加価値化は，まず，企業それ自体の内部で追求されるだろう。しかし，そのような生産構造や生産の連関の「調整」は市場を通じて行われる部分が大きくなろう。サービス化が進展するなかで，このような市場を通じた調整を明示的に分析し，その結果から経済のサービス化の意義を見出そうというのが本章の課題である[2]。

　次節では，分析上必要な産業分類の定義を行う。これまでの大方の研究では，第3次産業を，「便宜上」，サービス部門と分類している。しかし，わが国の分類では，欧米の分類と異なり第3次産業に電気・ガス・水道が含まれ，比較分析に不都合がある。とくに，Fuchs(1968)やRowthorn and Wells (1987)の分析と比較して後の産業連関分析とも整合性をもたせるために，われわれ自身の分類が必要である。また，戦後日本の就業構造の変化はすでに第1章でみたが，さらに産業分野別のGNPの変化を調べ，分野別の生産性の比較を概観する。その上で，成熟化するにつれ経済のサービス化は，経済成長率を低い水準に「収斂」させるという，いわば「成熟化仮説」からわが国の産業のパフォーマンスを検討する。

　第3節では，産業連関分析の枠組みを用いて，経済のサービス化の意義を分析する。産業連関分析の部門分割の手法により，工業部門(以下「もの部門」とも呼ぶ)とサービス部門との相互依存関係の変化を分析することで，サービス化経済の重要な側面を見出すことが可能である。つまり，経済のサービス化が経済成長の低下に結びつくかもしれないという単純な推測ではなく，もの部門とサービス部門のいっそうの緊密化によるもの部門の高度化，

あるいはサービス部門からもの部門の活動がいっそう刺激されるという側面を明らかにしたい。この手法は，Miyazawa(1975)に基づき，國則・高橋(1984)および経済企画庁(1990)において用いられたものである。また，Matsumoto(1996)は，1980年代半ばまでのイギリスにおける脱工業化の分析においてこの手法を利用している。

最後に，以上の分析から見出すことのできた結論を評価する。とくに第3節の分析により，経済のサービス化の進展を，もの部門とサービス部門との相互依存の視点から分析することの重要性が主張される。経済のサービス化プロセスにあって，わが国の産業は急激な構造的変化を遂げつつ良好なパフォーマンスを実現してきた。しかし前章のイギリスのケースでみたように，サービス化がいっそう進展することは，もの部門の衰退を招き経済成長率のシフト・ダウンだけでなく，わが国の国際収支構造を変え国際競争力の低下をもたらすおそれがある。イギリスの場合は，もの部門の国際競争力の低下をサービス部門がある程度補うことができた。わが国のサービス部門にその役割が期待できないとしたなら，もの部門の衰退は，経済全体の衰退に直結することになる。そこで求められるのは，拡大するサービス部門自体の生産性の向上であると同時に，サービス部門がもの部門の生産性向上や新商品・市場の開拓に貢献すべきであることを強調したい。

3.2 経済構造の変化と生産性

(1) 産業分類の定義：サービス部門

Fuchs(1968)をはじめ，多くの研究者が嘆くのは，第3次産業，とくにサービス部門の厳密な定義の欠如と生産性の測定方法の曖昧さである。伝統的に第3次産業は，農林水産という採取産業，鉱業や建設業，製造業を含む加工部門である第2次産業(しばしば工業部門とも呼ぶ)の他の，「残余」の部分であると扱われてきた。また，わが国の第3次産業は，電気・ガス・水道，運輸・通信，金融・保険・不動産，卸売・小売，対事業所および対個人サービス，教育・研究，医療・保健，公務からなり，通常の狭義のサービスは，

(対事業所および対個人)サービス,教育・研究,医療・保健から構成される。

　多くの研究者は,データの制約もあることから,サービス部門を第3次産業とほとんど同義的に用いていることが多い。しかし第1章で議論したように,ものの生産や需要と比較した場合のサービスの特徴,供給と消費の同時性,生産と消費との近さ,さらに生産における需要者(消費者)の参加等を考慮し,以下では「サービス部門」を(通常の)第3次産業から電気・ガス・水道を除いた部分として定義しよう。この「サービス部門」の定義は,第1章図1-1における定義と若干異なる(図1-1では,Fuchs(1968)と比較するためにサービス部門は,第3次産業部門から電気・ガス・水道,運輸・通信を除いた部分として定義されていた)。ただし,運輸・通信部門をサービス部門に含めるかどうかで,全体の結果はほとんど影響を受けない。

　また,国連による「国際標準産業分類」(The International Standard Industrial Classification；ISIC)およびヨーロッパ連合(EU)の大分類(Nomenclature des Activités dans les Communautés Européennes；NACE)においては,産業全体を9分野に分類しており,サービス活動は

6　商業,ホテルおよびレストラン
7　運輸および通信
8　金融およびビジネス・サービス
9　他のサービス

と分類されている(Illeris (1996), pp. 24-25)。

　これらの産業は,大体において労働集約的で,無形の商品を供給し,消費者と密着的で,ホワイトカラーの就業者が多くを占めることが多い[3]。

(2) 部門別生産の変化

　わが国の戦後の就業構造の変化において,第1次産業から第2次および第3次産業への急激な労働力の移動があったことはよく知られた事実である。第1章で述べたように,製造業を中心とする第2次産業活動のウエイトの増

加は，1970年代半ばまで続いている。第2次産業および製造業の就業者数は，73年に最大値を記録したあと微減に転じ，90年前後に再び増加し，92年に2度目のピークを迎えた。ただし就業者シェアは，73年のピークから減少傾向が続いている。その一方で，第3次産業，とりわけサービス部門における就業者数は，戦後一貫して増勢傾向をみせ，第2次産業就業者数が増加している時期においても減少することはなかった。

Rowthorn and Wells(1987)は，農業部門からの労働力の供給がもうそれ以上期待できない段階を「成熟経済」と呼び，工業部門の就業者を奪ってサービス部門の拡大がなされ，工業部門の経済活動のウエイトが低下することを，経済の「脱工業化」と呼ぶ。イギリスにおける脱工業化は，60年代中ごろに始まったと推測され，その際の1人当たり国民所得を，75年当時のレートで3300 USドルから4300 USドルの間，およそ3800 USドル前後であると推計した(p.32)[4]。

彼らのいう「脱工業化」とは，工業部門の就業者シェアが減少することをいう。つまり，産業就業者比率の推移でみて，第2次産業(工業部門)の比率がピークから減少に転ずる時点が脱工業化の入り口，というわけである。わが国における就業構造の推移はすでに，第1章図1-1において示したごとくである。

ところで，Bell(1973)によれば，「脱工業化社会」の到来とは，サービス部門の就業者比率が50%を超えてからをいう。第1章で指摘したように，わが国の第3次産業就業者比率が50%を超えたのは，労働省統計で74年，経済企画庁データで76年であり，工業部門の就業者比率が低下し始めたという意味でも，70年代中ごろに脱工業化が始まったといえるかもしれない。75年当時のわが国の1人当たりGNPは136.1万円，同じく国民所得は110.9万円であり，為替レートは270円／USドルであったから，イギリスの場合よりも若干低いが，1人当たり国民所得はおよそ3000 USドル，同国民総生産はおよそ3600 USドルで，70年代半ばに，わが国の経済が成熟段階における脱工業化社会に入ったのではないかと推定することも可能である(ただし，当時の第1次産業就業者比率はおよそ15%であったから，イギリ

表 3-1　国民総生産構成比(名目値，1970 年以降は実質値も表記) (%)

	第1次産業	第2次産業	製　造　業	第3次産業	サービス部門
1951年	25.91	30.62	23.78	42.32	34.96
55年	22.68	28.88	22.69	48.10	39.22
60年	14.63	36.45	29.33	49.10	39.88
65年	11.23	35.86	27.92	53.32	44.80
70年	6.12	44.55	36.00	52.63	43.63
同実質値	(5.13)	(38.96)	(25.94)	(56.76)	(46.54)
75年	5.49	40.38	30.20	58.09	49.63
同実質値	(4.59)	(37.48)	(24.78)	(59.65)	(49.51)
80年	3.68	39.18	29.24	60.83	51.93
同実質値	(3.26)	(37.10)	(25.95)	(63.03)	(53.81)
85年	3.19	37.77	29.55	63.18	53.39
同実質値	(3.06)	(36.85)	(27.91)	(64.13)	(54.86)
90年	2.54	38.55	28.19	64.01	54.77
同実質値	(2.54)	(38.55)	(28.19)	(64.01)	(54.78)
95年	1.93	35.20	24.70	67.09	57.74
同実質値	(2.09)	(37.16)	(27.40)	(65.87)	(56.64)

出所)　経済企画庁『国民経済計算年報』等より作成。1951-69 年は，国民純生産のデータを用いた。

スにおける場合の定義とは完全には一致しない)。

　一方，産出比率の変化はどうであったろうか。表3-1により，産業別GNP構成比率の変化を確認しておこう。名目値でみた場合，就業構造と同様，第2次産業および製造業のGNP比率は1970年代がピークで，それぞれ73年の44.66%および70年の35.17%であった。ただし実質値(1990年価格)でみれば，両部門とも91年に2度目のピークを迎え，それぞれ38.93%および28.59%であった[5]。産出比率においても，サービス部門のウエイトの増加傾向が明らかである。そこで問題となるのは，製造業部門(あるいは「もの部門」)の生産性とサービス部門の生産性において格差が存在し，全体としての経済成長率が低下するのではないか，ということである。

(3)　経済の成熟化仮説とサービス部門の生産性

　新古典派の成長モデルでは，国民の貯蓄率と労働力の成長率に規定される経済成長率が，労働力の成長率と生産性上昇率の和である「自然成長率」に収束し，長期均衡で安定的な資本・労働比率が成立する。この均衡において

は，同時に，資本生産性や労働生産性も決定される。国際間で技術・知識や資本の移動が完全であれば，労働力の過剰な後発国では希少な資本の限界生産力が大きいから資本利潤率は高く，資本が流入し資本蓄積が加速化され，経済成長率は成熟化した先進国よりも高くなり，経済水準が先進国に追いつく(catch-upする)ことが可能であろう[6]。

このcatch-upプロセスは，第1次産業のような生産性の低い部門から生産性の高い工業部門へ資源を移動させるという，「工業化」を通じて実現されるだろうと考えられている。事実，わが国の高度経済成長もそのような工業化を通じたものである。工業化においても，最初は低賃金で過剰な労働力を多く用いた労働集約的な部門の拡大から始まるが，産業政策的にはcatch-upプロセスを速めるために，輸入代替から輸出型産業へと進展する部門への資源の投入を誘導する。このような産業の多くは資本集約的であり，長期的な平均コスト低減が期待できる，規模の経済性をもった産業が選ばれることが多い。

一般的にはサービス部門の産業は，長期的な規模の経済性が期待できることは少なく，Kaldor(1966)は，製造業部門における労働力の増加と生産性上昇との間に強いプラスの相関があることを指摘し，雇用をサービス部門から製造業へ移動させるような政策を提言している。1991年のイギリス上院の報告書においても，同様に，製造業の強化により経済成長率を押し上げることの必要性が主張されている。

工業化こそが経済成長のエンジンであれば，製造業において生産性を向上させる技術進歩が加速度的に生じない限り，後発国の経済成長が先発国に追いつくcatch-upが可能であろうし，工業化による高い経済成長率も，やがては成熟段階で一定の成長率に「収斂する」であろう。Crafts(1991, 1993)は，このようなcatch-upがOECD諸国の間で生じた，と主張する。catch-up過程では高い経済成長率を記録した国も，それが一定の段階に到達した時点で先発国の低い成長率に落ち着く傾向がある，というのである[7]。経済の成熟化と経済成長率に関するこのような仮説については，すでに前章でふれた。ここでは，サービス部門の生産性がもの部門に比して低い水準にとど

まるという，この仮説の前提を検証する。

1955年当時のイギリスの農業部門就業者シェアはすでに5.5%にまで低下して，他のOECD諸国とは大きくかけ離れており，OECD諸国のなかで最も早く「成熟段階」に入り，低い経済成長率に結びついたとRowthorn and Wells(1987)は指摘している。その後のイギリスにおいてみられたことは，工業部門における就業者および生産シェアの減退という脱工業化であり，高い失業率である。イギリスで60年代中ごろに生じたと推定される脱工業化は，工業生産物の国際競争力の衰えゆえに，工業部門から吐き出された失業者は拡大したサービス部門に吸収されず「ネガティブな脱工業化」となってあらわれたことは，すでに第2章でみたごとくである。

一方，70年代中ごろに工業部門シェアのピークを迎えた日本経済においては，相対的な工業部門の縮小とサービス部門の拡大過程で失業は顕在化せず，「ポジティブな脱工業化」の例であるとされる。しかし先にも述べたように，サービス部門の拡大は，経済全体の生産性上昇率の低下をもたらすおそれがあることから，70年代中ごろからの経済成長率のシフト・ダウンの要因を，わが国の経済のサービス化に求めることは妥当であるかどうか，興味がもたれるところであろう。すでに第2章の表2-2および表2-3において，主要国の経済発展のプロセスで工業部門のシェアが低下し，逆にサービス部門のシェアが拡大するに従って，経済全体の成長率が低下する傾向がみられることが指摘されていた。同時に，経済成長率に対するサービス部門の寄与度がかなり増大していたが，この傾向は，とくにイギリスにおいて明確で，経済の成熟化が進んだ他の先進国においても同様にみられるものである。サービス部門の生産性上昇率が低いことを前提にすれば，経済全体の成長率が低下し，成熟経済が一定の成長率へ収斂してゆくことを予期させる。

それでは，わが国における部門別の生産性成長率はどのように推移しているであろうか。就業者数をL，生産高をYとすれば，労働生産性——就業者1人当たり生産高——の成長率は，

$$G\left(\frac{Y}{L}\right) = G(Y) - G(L) \qquad (3\text{-}1)$$

表 3-2　部門別の 1 人当たり実質生産額対前年上昇率の推移
　　　（1990 年価格の部門別 GNP／就業者数）　　　　　　　　(%)

	GNP	第 2 次産業	製 造 業	第 3 次産業	サービス部門
1971年	4.00	4.01	4.48	2.98	3.33
	8.51	7.94	9.28	7.72	9.01
	5.10	5.18	7.94	2.65	2.90
	−0.81	−2.94	−1.50	−0.65	−2.07
1975	3.36	1.97	0.54	3.15	2.60
	3.06	4.42	8.68	1.56	2.32
	3.04	1.80	3.58	3.01	3.81
	4.04	4.07	3.95	2.85	3.47
	4.17	6.39	8.19	4.44	5.15
1980	1.78	−0.27	0.93	4.97	4.13
	2.36	2.69	2.23	1.43	1.18
	2.04	2.00	3.65	0.69	0.82
	0.64	−1.06	1.21	1.61	1.23
	3.34	3.80	4.27	3.13	2.40
1985	3.69	5.44	7.01	3.37	3.46
	2.10	0.18	−0.94	1.78	2.21
	3.17	7.13	5.97	1.79	1.47
	4.50	5.75	5.97	3.56	3.36
	2.88	4.22	4.49	2.94	2.68
1990	3.11	5.51	5.40	1.62	1.57
	1.88	1.90	2.27	1.51	1.34
	−0.02	−2.40	−2.62	0.83	1.28
	0.08	−1.31	−1.47	−0.66	−0.40
	0.60	0.25	1.51	0.81	0.76
1995	1.31	3.81	8.05	0.64	0.92
平均	2.72	2.82	3.72	2.31	2.36
標準偏差	1.90	2.93	3.39	1.76	2.03

出所）　部門別実質 GNP は『国民経済計算年報』，就業者数は『労働統計年報』による。

である（ただし G（・）は，変数の変化率をあらわす）。経済企画庁『国民経済計算年報』と労働省『労働統計年報』を用いて，1971-95 年までの 25 年間における就業者 1 人当たりの産業別実質生産額（1990 年価格，GNP ベース）の対前年上昇率をみたのが表 3-2 である。

　製造業の平均生産性上昇率は 3.72％，サービス部門のそれは 2.36％で，後者は前者に比して 1.36 ポイント劣っている。一方，サービス部門の生産性上昇率の標準偏差は小さく，製造業のそれは大きい。サービス活動指数の変化が鉱工業生産指数の変化に比してかなり安定していることがよく知られて

いるが，生産性上昇率の変動についても同様であることが明らかである。製造業においては，景気後退期に合理化や生産の効率化が進み，景気回復期にその果実が生産性の大幅な上昇となってあらわれる。より緩やかではあるが，同様の傾向はサービス部門でもみられる[8]。

1人当たりGNPで測ったサービス部門の生産性は，製造業における生産性よりもかなり低いものではあるが，サービス部門就業者数の増加が生産性上昇にまったく寄与していないかといえば，そうではない。このことを，就業者数の増加が実質生産額の増加と「正の」相関をもっているかどうかという問題を設定して考えてみる。表3-2のデータを用いて，サービス部門の$G(Y)$と$G(L)$との相関をみれば，

$$G(Y) = 0.0092 + 1.6718 G(L) \quad R^2 = 0.3139 \quad (3\text{-}2)$$
$$(0.0204) \quad\quad (0.5153)$$

と，両者には正の相関がある(カッコ内は，標準誤差)。もちろん，製造業に較べれば生産性上昇率は低いが，電気・ガス・水道といった公共サービス部門まで含めた第3次産業全体の生産性上昇率と比較すれば，比較的良好な結果が得られているのではないだろうか[9]。

ただし(3-2)式にあるように，サービス部門では就業者シェアの増加が続き，生産性でも一定の上昇がみられるが，各年の$G(Y)$と$G(L)$とをプロットすることにより，時期的な特徴を見出すことができることを指摘しておきたい。図3-1には，71-95年のサービス部門における，GNPベースの実質生産額(90年価格)の対前年成長率および就業者数増加率について，各年ごとの組み合わせがプロットされている。

図中のトレンド線は，(3-2)式をあらわす。石油ショックによる戦後初のマイナス成長であった74年を例外とすれば，70年代には総じて，$G(Y)$も$G(L)$も高かった。80年代前半においてもこの傾向は続き，わが国の脱工業化が始まったと考えられる70年代半ばから，急激なサービス化が進行すると同時に，サービス部門の生産性上昇も続いていた。しかし，80年代の半ばからは，就業者の増加率に相応した生産性の上昇がみられない。サービス部門における生産性上昇率のはっきりした低下傾向がみられるのである。そ

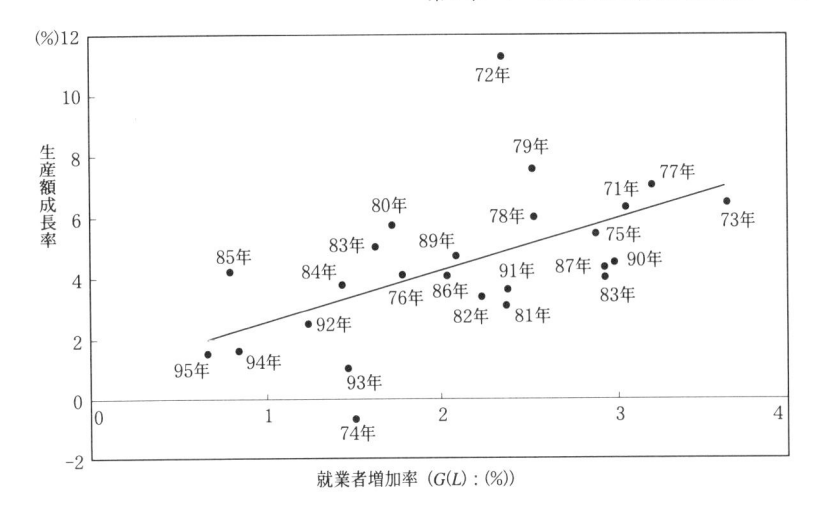

図 3-1 生産額成長率と就業者数変化率(%)：サービス部門 1971-95 年

の一方で，表 3-2 および注 8 に示した図から明らかなように，製造業部門の生産性上昇は，バブル経済崩壊まで続いた。これらの変化には，就業構造や生産額シェアの変化をみただけでは検出できない要因，たとえば労働者の職業(職能といってもよいかもしれない)に対する構造的な変化があるのではないかと推測されよう。

経済企画庁(1990)では，近年の財務データの分析から，製造業においても直接部門のウエイトが低下し，増大した間接部門のなかで，サービス支出比率が急速に上昇していることが指摘されている(pp. 350-354)。つまり，サービス化は産業構造の変化を通じてあらわれているばかりではなく，ミクロ・レベルの企業組織における変化にもはっきりと認められると指摘されている。このミクロ・レベルの調整が，労働者の特定の職能に対する需要の変化となって産業各部門に拡大し，生産性の変化を左右しているのではないだろうか。次節と第 4 章ではこの問題を考える。

3.3　もの部門とサービス部門との相互依存関係

(1)　脱工業化とサービス部門

　経済が成熟化し，農業部門の労働力のプールは枯渇し，工業部門の就業者を奪ってサービス部門が拡大していけば，経済はいわゆる「脱工業化」段階に入る。Bell の定義および Rowthorn and Wells の推計に依存すれば，わが国では 1970 年代の半ばから脱工業化が始まった，と大まかにはいえそうである。ただし，70 年代中ごろにピークをみせた製造業部門の就業者数が一貫して減少したというのではなく，92 年に再びピークを迎えた。その間，わが国の製造業の生産性上昇率は高水準で推移し，国際競争力が衰えなかったことも周知のことがらである。

　その一方で，サービス部門の就業者数および就業者比率は増加し続けた。失業率は非常に低い水準で推移したから，わが国では「ポジティブな脱工業化」が進行したといえよう。製造業において急速な構造調整が進行し，同時に第 1 次産業が急速に縮小したが，そこから吐き出された労働力はサービス部門で吸収された，といえるのである。その結果現在では，就業者のおよそ 6 割がサービス業を中心とする第 3 次産業に属する。わが国では，脱工業化というよりは急激な「経済のサービス化」が進行したといった方がよさそうである。しかし，サービス部門の生産性および生産性上昇率は，製造業よりもかなり低いこともまた事実である。そうであれば，サービス部門のウエイトの増大は，経済全体の成長率を低下させるように働くのではないかということが問題となろう。

　イギリスでは，脱工業化が及ぼす経済成長への影響が早くから分析されている。Bacon and Eltis(1976)，Blackaby(1979)，Chatterji and Wickens(1983)，Crafts(1993)，および Rowthorn and Wells(1987) などである。それらにおいては主として，脱工業化の進行とイギリス製造業の国際競争力の低下，国際収支の悪化，成長率の低下，失業の増大等の全体の経済パーフォマンスの悪化との関連が論じられてきた。それらのなかで Sargent(1979) は，イギリスの非もの部門(サービス部門)の国際競争力の強さを指摘し，脱工業

化による経済パフォーマンスの悪化は，サービス部門の拡大で吸収できる，と主張している。たしかに 1970 年代半ばから，国際収支において非もの (invisible goods) の収支は黒字基調で，もの (visible goods) 部門赤字のかなりの部分をカバーするようになってきてはいるし，シティをはじめとして金融・保険業の世界的地位は急速に高まってきてもいる。しかし戦後，90 年代半ばまでのイギリス経済の活動は，総じて低迷していたといえる[10]。

(2) 企業の調整と経済のサービス化

次に，1970 年代半ばに始まり 80 年代中ごろにはっきりした，わが国における「経済のサービス化」の進行過程で生じたもう 1 つの経済構造の変化を分析し，提示したい。それは，産業連関分析の手法による，もの部門およびサービス部門それぞれの内部における産業間の相互依存関係，また両部門の相互依存関係の変化についての分析である。

通常は，経済発展と共に賃金は上昇し，国内製造業におけるコスト高から部品等の輸入が増え，同部門の産業連関度 (レオンチェフの逆行列係数でみる) は一般に低下するだろう。需要の変化もあり，製造業部門の経済的シェアは低下してゆく。イギリスでは，製造業において中間財を含めた輸入の増加がみられ，製品の国際競争力は低下し，もの (visible goods) の貿易収支は赤字化した。しかし経済のサービス化のプロセスにあって，わが国の製造業の国際競争力は衰えていない。

それは，製造業部門の企業それ自体で高付加価値化を追求した内部的な努力の結果であると同時に，サービス部門との連携 (相互依存関係) を通じた生産の効率化が進んだことによるのではないかと考えられる。わが国製造業の企業は，コスト高，円高の進行に対して，内部的調整だけでなく市場を通じた調整により，強い国際競争力を維持してきたのではないだろうか。それはまた同時に，サービス部門自体の内部的な連関度をも高めることにつながっているのではないだろうか。

企業組織には，生産部門と管理・販売などのサービス部門が必要である。後者は前者に依存してその水準が決定されるだろうが，非効率に陥りやすい

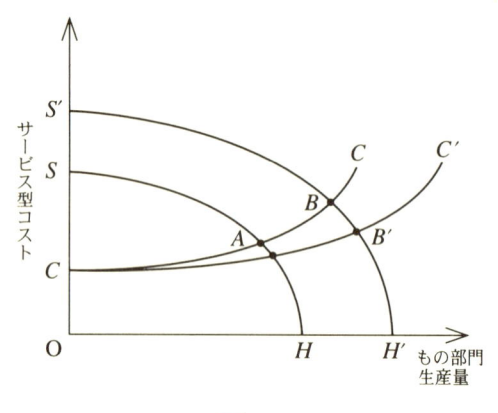

図3-2

ことはよく指摘されている。もの部門における，いわゆるアウトソーシングや高度知識集約化のミクロ的効果は，企業内部における資源の再配分を通じて，生産における効率化を追求した結果生じるものであろう。そのことにより，専門分野へのよりいっそうの特化や規模の経済性を通じて企業は生産効率を高め，競争力を増すことにつなげることができる。図3-2に示すように，企業内部ではもの生産が効率的に行われるのに較べて，サービス部門は費用逓増的であり，サービス型コストは生産量に対してCC曲線のごとく逓増的である。そこで，サービス業務を外部化して効率化することなどにより，費用曲線をCC'のように下方にシフトできる。それと同時に，余裕の生まれた内部の資源を生産効率を高める方向へ移動させることが可能となる。それゆえ，効率的な生産点を生産可能性曲線SH上のAから$S'H'$上のB'へ移動させることができよう。

　一方，マクロ経済全体のサービス化は，以下のように解釈されるだろう。図3-3(a)にはもの部門に投入される労働量(L_G)が横軸に，サービス部門の労働量(L_S)が縦軸に測られている。原点からの直線の傾きは，労働力のサービス部門ともの部門の相対的シェアをあらわす。

　サービス化とは，たとえばi点からs点への移行を意味する。(b)には，同様に，両部門の生産量を測り，一定の経済資源(労働力)のもとでの生産可

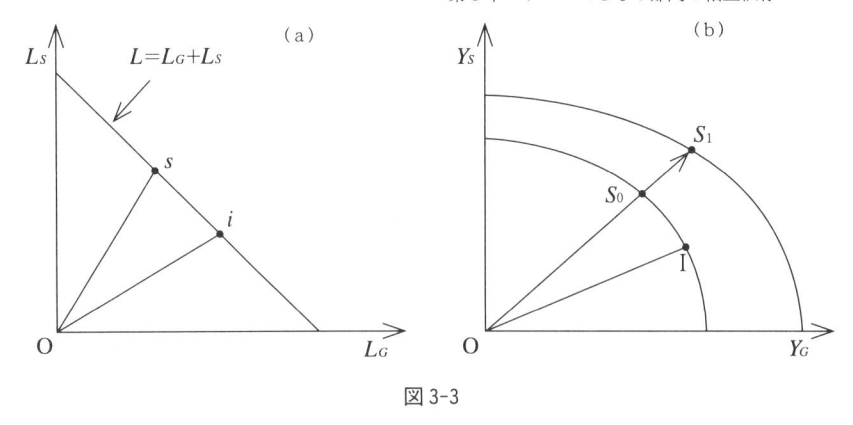

第3章 サービスともの部門の相互依存　61

図3-3

能性曲線が描かれている。(a)における i 点から s 点への労働力の移動によって，生産物の組み合わせは I 点から S_0 点へ移行するだろう。ただし単なる移行の場合は，生産可能性曲線を外側に移行させず，生産の効率化を伴っていない。もしもこの移行が製造業部門での生産性の上昇に寄与するものであれば，サービス化は生産可能性曲線を外側にシフトさせ，S_1 点への移行となってあらわれる。サービス化のプロセスにおいて，もの部門とサービス部門の有意義な連携が深まることにより，経済全体の効率化が達成できる可能性があるということになろう。

(3) 経済のサービス化と産業連関

　私はこのような観点から，Miyazawa(1975)により知られる産業連関表の部門分割の手法を用いて，日本と較べたイギリス経済の脱工業化の特徴を分析した。必要な関係をここに示そう。X を産出マトリックス，F を最終需要マトリックス，A^* を投入係数マトリックスとして，産業連関の方程式は，

$$X = A^*X + F \tag{3-3}$$

である。これをもの部門とサービス部門に分割してあらわす。まず，投入係数マトリックス A^* は，

$$A^* = \begin{bmatrix} A & A_1 \\ S_1 & S \end{bmatrix} \qquad (3\text{-}4)$$

のように，2つの部門に分解される。ただし，

A ：もの部門のもの投入係数
S_1 ：もの部門のサービス投入係数
A_1 ：サービス部門のもの投入係数
S ：サービス部門のサービス投入係数

である。ものおよびサービス部門の変数に，それぞれGおよびSの添え字をつけて，先の(3-3)式は，

$$\begin{bmatrix} X_G \\ X_S \end{bmatrix} = \begin{bmatrix} A & A_1 \\ S_1 & S \end{bmatrix} \begin{bmatrix} X_G \\ X_S \end{bmatrix} + \begin{bmatrix} F_G \\ F_S \end{bmatrix} \qquad (3\text{-}5)$$

となる。ただし，X_Gはもの部門産出ベクトル，X_Sはサービス部門産出ベクトル，F_G，F_Sは各部門の最終需要ベクトルである。これを整理して，

$$X_G = B_2 X_S + B F_G \qquad (3\text{-}6\text{-}a)$$
$$X_S = T_2 X_G + T F_S \qquad (3\text{-}6\text{-}b)$$

である。ただし，$B = (I-A)^{-1}$，$B_2 = (I-A)^{-1} A_1$，$T = (I-S)^{-1}$，および$T_2 = (I-S)^{-1} S_1$である。このように，各部門の産出量を，自部門の最終需要と他部門の産出から波及する部分であらわすことができるのである。ただし，上式における変数の意味は以下のごとくである。

$B = (I-A)^{-1}$：もの部門内部の波及効果(もの部門内部乗数)
$B_1 = S_1(I-A)^{-1}$：もの部門の内部波及により直接必要とされるサービス投入
$B_2 = (I-A)^{-1} A_1$：サービス部門のもの投入が誘発するもの部門の内部波及
$T = (I-S)^{-1}$：サービス部門内部の波及効果(サービス部門内部乗数)

$T_1 = A_1(I-S)^{-1}$：サービス部門の内部波及により直接必要とされるもの投入

$T_2 = (I-S)^{-1}S_1$：もの部門のサービス投入が誘発するサービス部門の内部波及

$M = (I-T_2B_2)^{-1}T$：サービス部門の総波及効果

ここで $(I-T_2B_2)^{-1}$ は，サービス部門の外部乗数マトリックスである。さらにこれらの関係式から，サービス部門における生産活動が，自部門およびもの部門の最終需要からどの程度誘発されるかをみることができる。すなわち，もの部門産出ベクトル X_G を (3-6-a) 式の X_S に代入して，次式を得る。

$$\begin{aligned}X_S &= (I-T_2B_2)^{-1}T_2BF_G + (I-T_2B_2)^{-1}TF \\ &= MS_1BF_G + MF_S \\ &= MB_1F_G + MF_S\end{aligned} \quad (3\text{-}7)$$

もの部門についても同様で，それらを整理すれば，

$$\begin{bmatrix} X_G \\ X_S \end{bmatrix} = \begin{bmatrix} B+B_2MB_1 & B_2M \\ MB_1 & M \end{bmatrix} \begin{bmatrix} F_G \\ F_S \end{bmatrix} \quad (3\text{-}8)$$

とあらわすことができる。このように，分割された産業連関表を用いて，ものおよびサービスに対する最終需要の変化が，両部門の生産活動にどのように，かつどのくらい影響を与えるか，両部門の相互依存関係はどのように変化しているかなどについて検証することが可能となるのである。

筆者はすでに，1970-85年間の27部門産業連関表により日本経済とイギリス経済について分析した結果を発表した (1996)。ここでは，新たに1990年の産業連関表からの分析を加えて，上記の変数についての計算結果を表3-3-a および 3-3-b に要約して示した。これによって，イギリスと比較した場合のわが国経済のサービス化について考えてみよう[11]。ただし，B^* は，(3-3)式における逆行列係数の総和である。

また，表3-3-a の主要部分を図式化してみると，図3-4のごとく描くこ

表 3-3-a　もの部門とサービス部門の相互依存：
日本 1975, 1985, 1990 年

	1975年	1985年	1990年	75-85年の変化率(%)	75-90年の変化率(%)
B^*	54.263	54.252	52.495	−0.021	−3.258
B	36.540	36.040	34.353	−1.371	−5.988
B_1	5.131	5.438	5.565	5.908	8.447
B_2	1.351	1.239	1.013	−8.249	−24.976
T	7.525	7.642	7.773	1.563	3.303
T_1	0.992	0.981	0.842	−1.069	−15.153
T_2	3.847	4.183	4.549	8.742	18.238
M	7.854	7.973	8.073	1.519	2.795

注）　算出には，Matsumoto(1996)で組み直した27部門表を利用している。サービス部門は，本文中に定義した第3次産業から電気・ガス・水道を除き他方で印刷・出版を含む。もの部門は，それら以外の農林水産，第2次産業(鉱業，建設業，製造業)に電気・ガス・水道を加える。

表 3-3-b　もの部門とサービス部門の相互依存：
イギリス 1974, 1984, 1990 年

	1974年	1984年	1990年	75-85年の変化率(%)	74-90年の変化率(%)
B^*	49.876	47.727	47.015	−4.309	−5.735
B	34.474	31.547	29.568	−8.489	−14.229
B_1	4.047	4.359	4.443	7.722	9.798
B_2	1.052	0.990	0.640	−5.880	−39.159
T	7.479	7.633	8.597	2.063	14.948
T_1	0.840	0.801	0.634	−4.744	−24.530
T_2	3.091	3.961	4.819	28.127	55.890
M	7.680	7.853	8.801	2.247	14.599

注）　表3-3-aに同じ。

とができる。

　表3-3-aおよび図3-4には，わが国におけるもの部門21，サービス部門6のそれぞれの部門内部における産業連関の変化と同時に，両部門間の相互依存関係の変化が明瞭にあらわれており興味深い。逆行列係数からみたわが国全体の産業連関は，75-85年の間に若干の低下をみたが，90年にかけてドラスティックに低下した。85年からは，プラザ合意後の急激な円高により，わが国の製造業の海外立地が盛んに行われた時期である。もの部門の内部乗

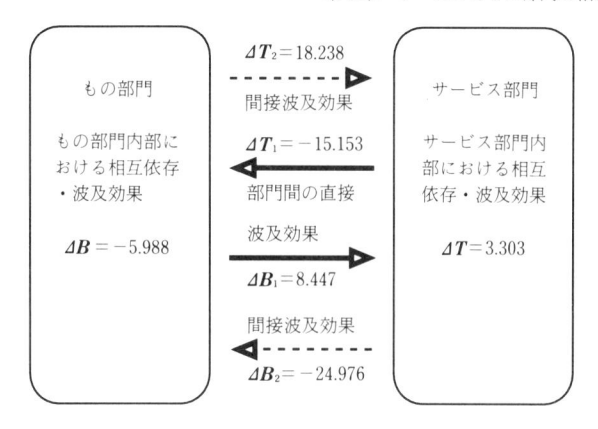

```
         ΔT₂ = 18.238
    ┌─────────────┐  - - - - ▶  ┌─────────────┐
    │   もの部門    │   間接波及効果   │ サービス部門  │
    │             │              │             │
    │ もの部門内部に │ ΔT₁ = −15.153 │ サービス部門内│
    │ おける相互依存 │  ◀─────────  │ 部における相互│
    │ ・波及効果    │   部門間の直接  │ 依存・波及効果│
    │             │    波及効果    │             │
    │ ΔB = −5.988  │  ─────────▶  │  ΔT = 3.303  │
    │             │  ΔB₁ = 8.447  │             │
    │             │   間接波及効果  │             │
    │             │  ◀ - - - - -  │             │
    └─────────────┘ ΔB₂ = −24.976 └─────────────┘
```

図 3-4　もの部門とサービス部門の相互依存(変化率%)：
　　　　1975-90年

数 B はもちろん大幅に低下した。その一方で，同じ期間のサービス部門の内部乗数 T はそれまでの10年間の倍の速さで増加している。

　もの部門の活動から直接必要とされるサービス部門の投入 B_1 は大きく増加しているが，サービス部門の活動から直接必要とされるもの投入 T_1 は逆に大幅な減少である。もの部門の活動にとって，サービスの投入はますます必要となってきている。反対に，T_1 および B_2 の変化率をみれば，サービス部門の活動により直接・間接に誘発されるもの部門のウエイトは急速に低下してきている。そうして，サービス部門全体の総波及効果が増大してきていることも明らかである。ただし経済全体からみれば，もの部門からサービス部門への影響は大きく，もの部門の活動が依然としてドミナントである状況も依然として続いている。

　ほぼ同時期のイギリスについての同様な分析結果を表3-3-bに示した。わが国よりも10年以上早く「脱工業化」したイギリス経済のサービス化はいっそう顕著である。これらの分析は前節でみた就業構造や産出比率からの分析よりも，なおいっそう，わが国経済のサービス化が進行していることをうかがわせるものである。わが国経済のサービス化がより進行すれば，イギリスの場合のように「もの」の輸入浸透・産業の空洞化が拡大し，製造業の

国際競争力の低下，低成長，そして高い失業率に脅かされたような経済体質へ変化するのだろうか[12]。イギリスの場合はそれでも，サービス産業における強い国際競争力がある。わが国の場合は，経済のサービス化の進展に対してどのような経済体質の構築が必要とされるだろうか。

3.4　むすびにかえて

以上，戦後のわが国経済の発展を「経済のサービス化」という観点からみてきた。工業化によって果たした高度経済成長は，第1次産業における労働力のプールから雇用を吸収することによって果たされた。しかし，労働力は，むしろ第3次産業，あるいはサービス部門に向かって持続的に流出してきた。就業者シェアでみたとき，わが国の第2次産業・製造業のピークは1970年代中ごろである。製造業の就業者比率はその後微減傾向にあるが，就業者数だけは90年代はじめに2度目のピークを迎えた。一方，第3次産業・サービス部門の就業者数および就業者比率はその間も上昇し続けた。これらは，企業の合理的な資源配分の結果であるから，同時に労働の「内容」つまり職種においても，構造的変化が生じていることが予測される。第3次産業就業者の比率が50％を超えたのが75年，サービス部門就業者比率は84年に50％を超えた。これらを勘案すれば，わが国は早くて75年，遅くても85年には「脱工業化」が始まり，サービス化経済に入ったといえるのではないだろうか。

アメリカやイギリスでは，1960年代にサービス化経済に移行していた，といってよいだろう。とくにイギリスでは60年代の中ごろに工業部門就業者比率が減少に転じ，急速な「脱工業化」が始まったといわれる。ただし，イギリスで生じたのは，工業部門から吐き出された労働者を他の部門，サービス部門で吸収できないという「ネガティブな脱工業化」であった。これまでのわが国の脱工業化プロセスでは，製造業の国際競争力は衰えておらず，製造業のシェアの低下によっても失業問題は起きなかったといってよい。いわゆる「ポジティブな脱工業化」を成し遂げてきたのであろう。

しかし，経済におけるサービス部門のウエイトの増大は，全体の成長率の低下を招くおそれは十分あるし，それがこれまでの他の先進国における経験であったといってよい。それゆえ私は，わが国経済の低成長率へのシフト・ダウンの主要な理由がこのサービス経済化にあるのではないかと考える。また，この経済のサービス化は，もの部門とサービス部門との新たな関係をつくり出している。本章では，Matsumoto(1996)に続いて，新しい産業連関表データを用いて，この両部門の相互依存関係の変化をみた。経済のサービス化の傾向はより明確にあらわれている。就業者や生産額でみた場合よりも，経済のサービス化はより深く進行しているようにも思われる。わが国よりもずっと早く脱工業化・サービス経済化したイギリスでは，産業の空洞化も同時に起こり，この進行は顕著なものがある。わが国も否応なしにそのような道をたどることになるのだろうか。しかし，イギリスにおけるサービス産業の国際競争力の強さを考慮に入れれば，わが国経済のサービス化においては，イギリスの場合よりももっと深刻な経済問題に直面することを予想させるのである。

 さらに，経済のサービス化の過程で，部門間および産業間での相互依存関係に大きな変化が生じていることの，地域経済における意味を考えなければならない。サービス部門活動の他部門に与える影響度はますます増大してきており，全国レベルでは，この「調整」は急速であり，わが国の産業は柔軟にそれを遂行してきた。しかし，北海道のような，産業構造変化の速度が比較的遅い地域においては，サービス経済化の進行や求められる職業(職能)の変化に，十分な対応がなされていないのではないだろうか。それが地域の経済格差拡大の要因となっているのではないだろうか，ということが次の関心事となろう。

1) イギリスの脱工業化過程におけるネガティブな評価については，すでに第1章注5で述べた。
2) 経済のサービス化の進展を，主体の合理的選択により選ばれた「外部化」をキー

ワードに，脱工業化のプロセスにおけるサービス化経済の問題を論じたのが，小林(1999)である。

3） Fuchs(1968)は，アメリカにおいて1929年には40％そこそこであったサービス部門の雇用者比率が65年には55％に達した，急速な雇用構造の移行に注目した(p.24)。彼は，サービス部門からさらに不動産，家計，非営利団体および一般政府を除いて「サービス特定部門」を定義し分析している。しかしここではデータの制約から，本文の分類定義にとどめる。ただし，Fuchsと同様の分類が可能であったとしても以下の分析に大きな変更は必要とされないだろう。

また，NACEの改訂版では，第3次産業の主要部門は，
G 商業，自動車修理および家庭用品，H ホテルおよびレストラン，I 運輸および通信，J 金融，K 不動産，リースおよびビジネス・サービス，L 出版，M 教育，N 医療および福祉，O 廃棄物処理，リクレーション，文化およびスポーツ活動，個人向けサービス，P 家庭サービス Q 外交，国際機関
と分類されている。

4） Rowthorn and Wells(1987)において明らかにされたように，工業化に必要な労働力は，農業部門と共に家事労働に従事する国内サービス部門にプールされていた（これは使用人などで，19世紀末には就業者の11％を占めた。第2章表2-2参照）。工業化によりこれらの部門からの労働力の流出が進んで，もうそれ以上の労働力供給が期待できない段階を，彼らは「成熟段階」という。そこでいっそうのサービス部門の拡大は，工業部門の労働力を食うかたちで進まざるをえない。このプロセスを「脱工業化」と呼ぶのである。

彼らの脱工業化の定義をそのままわが国に適用すれば，1970年代中ごろの第1次産業就業者比率はおよそ15％であり，最近まで一貫して低下し続けていることから，本文のように，70年代中ごろをわが国の脱工業化の始まり，とは認定できない。わが国では，イギリスに比してはるかに急速な工業化とサービス経済化が同時に進行し，第1次産業の労働力プールが枯渇する前に，工業部門の相対的なシェアの低下が生じたのである。本書では，ごく大まかに，工業部門の相対的なシェアの低下を脱工業化としている。

5） 表3-1は，5年ごとのデータしか表示されていない。より詳しいデータの確認は，松本(1998)を参照していただきたい。

6） W. Rostowの有名な発展段階説では，成熟化段階とは離陸の後に続く第4の段階で，工業化が十分に進展するなかで中産階級が増し，次の第5段階である大量消費社会へと続くものである。Rowthorn and Wells(1987)では，工業部門拡大のための労働力プールが枯渇した段階を指しているが，厳密な定義ではない。

7） Rowthorn and Wells(1987)によれば，分析の開始時点を1955年とした場合，当時のイギリスの農業部門就業者比率は5.5％で，他のOECD諸国よりかなり低い。1955年時点での農業部門就業者比率をX，1955-81年の工業部門就業者比率の変化率(％)をYとして回帰分析を行えば，

第3章　サービスともの部門の相互依存　69

$$Y = -13.0 + 0.47X \quad R^2 = 0.78$$

同様に，1966年を開始時点として1966-83年の工業部門就業者比率の変化率については，

$$Y = -30.8 + 1.93X \quad R^2 = 0.37$$

である。工業部門の高い成長率には，労働力をプールする農業部門の存在が欠かせなく，プールが大きいほど工業部門の成長率は高くなる傾向がある，と彼らは考えるのである。

8) 松本(1998)では，就業者数に『国民経済計算年報』のデータを用いて，同一の結果を得ている。ただし，期間は1970-95年であり，『国民経済計算年報』の就業者データは，パートタイマーをも含み就業者の重複計算もあることから，労働生産性は多少低めに出てくる。また，表3-2の製造業とサービス部門とを対比させてグラフ化すれば，下図のようである。両部門の折れ線グラフにトレンド線をあてはめれば，生産性上昇率の相違がいっそう明瞭になる。

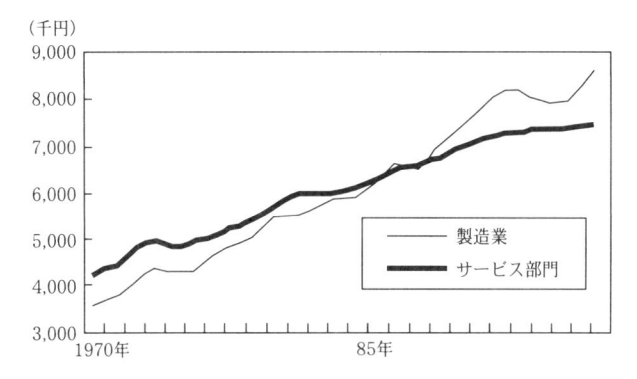

図3-5　1人当たり部門別GNP(1990年価格)

9) 第3次産業について上記の相関分析を行えば，

$$G(Y) = 0.0165 + 1.3317G(L) \quad R^2 = 0.2550$$
$$(0.0182) \quad\quad (0.4746)$$

となる。

また，アメリカにおいては，1939-63年における17のサービス特定部門の1人当たり実質産出高(Y)と雇用(L)との年平均変化率(%)の相関は

$$G(Y) = 0.914 + 1.433G(L) \quad R^2 = 0.727$$

である(Fuchs(1968), pp.114-121を参照)。

10) イギリスにおける有形財(visible goods)と無形財(サービス：invisible goods)の

貿易収支は，第2章でも示したが表のように推移している。たしかに Sargent(1979) の主張するように，サービスの貿易収支は黒字を続けているが，財部門の赤字をカバーするほどには至ってはいない。

表3-4 イギリスにおける貿易収支

(100万ポンド)

	1980年	85年	90年	95年
visible goods	1,357	−3,345	−18,809	−11,628
invisible goods	1,487	6,222	3,689	6,142

出所： HMSO, *Key Data*, 各年版。

11) 国民経済計算の体系を用いて，部門間の波及過程(乗数)を分析したものに，Pyatt and Round(1979)があり，Round(1989)は，部門分割による産業連関分析を地域分析に応用しているが，Miyazawa(1975)の方法とは異なる。

分析に用いたのは，45部門の通商産業省『昭和50-55-60年接続地域産業連関表』(1991年)および46部門の『平成2年地域産業連関表』を，私のこれまでの分析と整合させるために，27部門表に組み直したものである。またイギリスについては，HMSOの各年の産業連関表を27部門に組み直したものを利用した。サービス部門は，本文で定義した産業の他に，運輸・通信および印刷・出版を加えてある。これらの部門を除いて試算しても結果には大差がない。産業分類は表のごとくであり，「もの部門」は，農林水産から電気・ガス・水道の分類番号1〜21の産業からなり，「サービス部門」は分類番号22以下の6産業からなる。

通常は第2次産業に含まれる印刷・出版をサービス部門に含めているが，これは第1章で述べたように，印刷物の情報としての価値を重視したものであることと，経済企画庁(1990)の分析と比較可能にしたいため同様の分類を用いた，という理由からであり，印刷・出版をもの部門に含めても，結果には影響しない。

表3-5 産業分類

番号	部門名	番号	部門名	番号	部門名
1	農林水産	11	鉄鋼	21	電気・ガス・水道
2	鉱業	12	非鉄金属	22	出版・印刷
3	食料品	13	金属製品	23	商業
4	繊維製品	14	一般機械	24	金融・保険・不動産
5	木材・家具	15	電気機械	25	運輸・通信
6	パルプ・紙	16	自動車	26	サービス
7	化学製品	17	他の輸送用機械	27	公務
8	石油・石炭	18	精密機械		
9	プラスチック・ゴム	19	他の製造業		
10	窯業・土石製品	20	建築土木		

12) Stout(1979)は，イギリスにおける部門間相互依存度の低下，とくにもの部門における低下の主要原因に，「輸入浸透」(import penetration)をあげている。事実，もの部門の中間投入が急速に輸入依存的になってきていることが，産業連関表から見出せた。また，部門内における逆行列係数と，部門分割しない場合の一般的なそれとの比率を，宮沢(1975)およびMiyazawa(1975)では，「内部波及率」と定義しており，これが低下すれば部門内部の業種間相互依存度は低下する。イギリスでは，もの部門の内部波及率がおしなべて低下していることが見出された。詳しくは，Matsumoto(1996)を参照願いたい。

第4章　経済のサービス化と職業構造

4.1　はじめに

　先行する先進国と同じように，わが国における経済発展は，工業化を通じたものであったが，工業部門からサービス部門へと経済のウエイトが移ってきている。その傾向は1970年代半ば以降，より明瞭となっていることをすでに第1章でみた。本書では，工業部門の経済活動シェアが相対的に低下することを脱工業化と呼んでいるが，同時に，サービス部門の経済活動シェアの増大が明瞭で，むしろ経済のサービス化と呼んだ方が最近の経済状況をよくあらわしており，そのプロセスでわれわれが考えるべき問題を示唆しているのではないかというのが筆者の考えである。

　サービスを中心とした第3次産業部門は，農林水産業からの流出者だけでなく新規就業者をも吸収して増え続け，その速度は止むことなく，日本経済のサービス化はいよいよ明らかとなっている。そして，生産性上昇率の低いサービス部門の肥大化は，経済の停滞をもたらすことになるのではないかと思われるが，単純にはそうとはいえない。第3章でみたように，経済のサービス化は，もの部門とサービス部門の相互依存関係の変化を通じて新たな経済の成果を生み出すことにもつながるものである。それは，産業のよりいっそうの高度化を意味し，高付加価値化や知識集約化を伴っているはずである。産業の知識集約化は，もの部門においてのみではなく，サービス部門におい

てもあらわれ，さらに，両部門における相互依存関係のいっそうの緊密化を通じて日本経済全体のパフォーマンスの向上に貢献し，「ポジティブな脱工業化」(Rowthorn and Wells(1987))となることが望ましい。もの部門内部においても，直接にもの生産に携わるよりも，ものの高付加価値化に貢献する「非もの」の投入資源が増加し，ソフト化・サービス化ともいわれる現象がはっきりしてきている(通産省『ソフトインダストリーの時代』(1996))。

つまり，サービス化のプロセスで，産業の高度化・高付加価値化・知識集約化などを通じた産業・商品の「質」の変化を伴うべきことが要請されている。全国レベルでは，すでに71年の通産省産業構造審議会で，コンピュータ，航空機，産業ロボット，海洋開発などの研究開発型の産業，情報，ソフトウエア，エンジニアリングなどの知識集約型産業の育成が提言されている。また，『80年代の産業構造の展望と課題』(1981)では，わが国において「知識集約化の進展」が産業全般に及び，産業の高付加価値化が単線的に進むかのような分析と展望が示されている。70年代の第1次石油ショックや為替の変動相場制への移行といった大きな与件の変化に対して，わが国の産業はきわめて敏速に反応したわけだが，政府においても産業の高付加価値化・知識集約化が，産業政策の目標としてハッキリと掲げられたのである。政府レベルで経済のサービス化の進展を前提にしつつも，製造業のいっそうの高度化が必要であることを認識し，その方向への構造転換と発展が政策目標として掲げられたということである。

産業構造の変化を就業者数や生産額からみれば，確かにサービス化が進み，製造業においても重厚長大型業種から情報機器など軽薄短小型業種へとウエイトが移り，高度化が進んでいると考えられる。しかし，それだけでは産業の高度化が進んだというには不十分ではないだろうか。経済の高度知識集約化という場合には，労働者の能力の高度化も要請されているだろうから，就業者の機能の変化，つまり職種(職業)の側面にも留意する必要がある。製造業においてはもちろん，生産される商品の高品質化は産業間の就業者の移動を生むだけではなく，同一産業内部においても就業者の職種の変化を伴うはずである。

経済がサービス化するに従い，航空機のパイロット，設計士，医者，弁護士，会計士など高度な専門職業者に対する需要が増加する一方で，企業組織の多様化や生活様式の変化に就業形態の多様化も加わり，販売職業，事務職業，保安・サービス職業の従事者など未熟練・低生産性の労働のシェアも高くなると考えられる。これに対してもの部門においては，未熟練・低生産性の分野のサービスを「外部化」することにより生産組織としての効率化を図ることが可能だろう。もの部門内部におけるこの分野の労働力のシェアは低下すると予想できる。また製造業における生産性の向上や高度化にとって，高度の専門的職業というほどではないが熟練労働の果たす役割はかなり大きいだろうから，そのような中間的能力をもった労働力に対する需要は大きいままで推移するのではないだろうか，と推測される。つまり，経済のサービス化に伴い，全体として労働力の職業間移動が行われるだけではなく，もの部門とサービス部門との間で，職業従事者の分布に変化があらわれると予想される。

　そこで，就業者の産業および職業間にわたる移動を観測することにより，わが国経済のサービス化プロセスが，産業の高付加価値化や知識集約化にうまくつながっているといえるかどうかを検証することができるであろう。これまで述べてきたように，経済のサービス化の進展は70年代半ばより明らかとなっており，同時に就業者の職業の分布にも大きな変化がみられた。つまり，経済活動のウエイトが産業間で変化してきたと同時に，就業者に求められる機能(特定の技能による職種，職業)も大きく変化してきたのであるが，それが高度な知識集約化につながったと単純にいえるだろうかという設問に，十分な検討を加える必要があるのである。

　ところで，前章まで再三述べたように，産業政策の実践は地域間の資源配分を誘導し，地域経済へ与える影響がすこぶる大きく，地域政策と密接な関係を有している。わが国の産業が70年代において迅速に構造的変化を遂げたことはすでにみたごとくであるが，構造調整に取り残された地域，たとえば北海道，があることもまた事実である。それら地域においては，経済的自立のためにどのような地域の産業政策が有効か，そのプロセスで労働需給の

ミス・マッチを出さないための方策は何か,といった切実な課題がある。そのような課題を解く場合には,全国レベルでの産業構造の変化がどの方向に向いているか,どのような調整がなされようとしているか,などを正しく認識することはきわめて重要である。よって本章では,サービス化がもたらす影響をより包括的にとらえ,全国的な産業構造・職業構造の変化と北海道のそれとを分析・比較し,経済のソフト化・サービス化が進展するなかで,地域における産業政策を考える際の基礎的資料を提供したいと考える。

経済のサービス化は,産業活動のウエイトの変化にあらわれるだけではなく職業構造の変化が伴うものだから,次節では,全国と比較した北海道の産業構造の変化を,職業分布を加味して分析する。また就業構造から分析する場合,就業者が産業間にわたって移動するのと同時に,同一産業内での職業(職種)を変更する側面を重視しなければいけないと考える。そのため第3節では,経済のサービス化が全国に先がけて進行しているようにみえる北海道について,「産職マトリックス」を用いて,全国の経済構造の変化と比較する。こうすることにより,北海道の経済構造について,産業分類だけからみた場合よりも,立体的で興味のある特徴が見出される。さらに第4節では,産業部門ごとに就業者の職業変化の要因分析を行うことにより,その部門の規模の変化による職業変化の部分と部門内の職業の変化による部分を分けて算出し,地域の産業政策についての考察に資することとしたい。

4.2 全般的な動向

まず,産業構造および職業構造について全国と北海道を対比して,それらの「変化」をみる。産業構造の変化については,生産額,付加価値,資産,利潤,就業者数,さらには雇用者数等について,各産業別の比較をみるのが普通である。ここではさらに,職業構造の側面からこの変化をより詳しく分析する工夫をしてみたい。その手がかりが「産職マトリックス」を用いた分析である。産業構造の変化は,生産する商品の変化のみではなく,生産の仕方それ自体にもあらわれる。後者は技術関係(投入構造)の変化と同時に,就

表 4-1 産業および職業分類(大分類)

産 業 分 類	職 業 分 類
A 農業	A 専門的・技術的職業従事者
B 林業	B 管理的職業従事者
C 漁業	C 事務従事者
D 鉱業	D 販売従事者
E 建設業	E サービス職業従事者
F 製造業	F 保安職業従事者
G 電気・ガス・熱供給・水道業	G 農林漁業作業者
H 運輸・通信業	H 運輸・通信従事者
I 卸売・小売業，飲食店	I 技能工，採掘・製造・建設作業者
J 金融・保険業	および労務作業者
K 不動産業	J 分類不能の職業
L サービス業	
M 公務(他に分類されないもの)	
N 分類不能	

注) 以下の産業分類では，A，B，Cを農林水産業(第1次産業)，D，E，Fを第2次産業，それ以外を第3次産業としている。また，第1章ではFuchs (1968)の分類と対応させるため，「もの部門」はA～G，「サービス部門」はI～Nであった。本章では，「サービス部門」をH～Nとしている。また以下の職業分類では，EとFを統合し，分類不能を除いた。さらに，通産省(1981)で用いられた職業分類で「間接部門」とはA～D，「直接部門」とは残りの職業をいい，「サービス型職業」とはA～F，「財貨型職業」とはG以下の職業をいう。

業者に対してそれまでとは異なった機能を求めることになる。だから，産業構造の変化を知るためには，産業間の生産や就業者数を比較すると共に，職業(就業者に求められる機能，職種)においても比較してみることが重要である。

そこでまず，本章で用いられる産業および職業の分類を表4-1に示しておく。産業分類は，通常の第1次産業(農林水産業)，鉱業，建設業および製造業よりなる第2次産業，そしてサービス業を含む第3次産業といった分類に加え，Fuchs(1968)および経済企画庁(1990)を参考に，「もの部門」と「サービス部門」に分割した。また，以下の算出はほとんど『国勢調査報告』(以下，『国勢調査』と略称)に基づいているが，『国勢調査報告』の産業大分類および職業大分類は表4-1のごとくである(1990年時点)[1]。とくに断らない限り，以下の分析で「もの部門」とは，第1次および第2次産業に電気・ガス・水道業を加えたもので，「サービス部門」は，第3次産業から電気・

ガス・水道業を除いた部門よりなる。ただし，運輸・通信部門の取り扱いが第 1 章とは異なり，ここではサービス部門に加えられていることに留意されたい[2]。

わが国において工業化が頂点に達したのは，就業構造からみても生産比率からみても，1970 年代半ば，第 1 次石油ショックのころである。その後，第 2 次産業における就業者数は 90 年代初頭に若干上昇してはいるものの，そのシェアは緩やかに低下してきた。一方，その過程でサービスを中心とする第 3 次産業への資源移動は急速に進み，これを筆者は経済のサービス化と呼んでいる。大川・小浜(1993)においても，日本経済は輸入代替から輸出代替の局面を経て，「経済発展局面は 1970 年代半ばに終点をむかえた」(p. 196)とされる[3]。

就業構造からみたわが国の 1950-95 年における産業構造の変化は，第 1 章の図 1-1 および表 1-1 のごとくであった。また，北海道の就業構造を全国のそれと比較したのが，表 4-2 である。表 4-2 より，北海道における就業構造の推移は全国とかなり異なる変化をみせており，全体に第 3 次産業およびサービス部門のウエイトが全国に比して高く，第 2 次産業のウエイトがおよそ 10 ポイント低い水準で推移していることがわかる。また，第 1 章の表 1-1-b を参照すれば，北海道の製造業の就業者比率が低いことがいっそう明らかである。同時に，北海道は公共事業依存体質が強いことが指摘されているが，それは第 2 次産業部門のなかでも建設業の比率が高いことに反映されており，これらのよく知られている事実を確認しておこう。

ところで，全国レベルではとくに 70 年代半ばからは，重厚長大型から軽薄短小型の組立産業，電気機械，電子機器産業へと産業構造の急速な変化がみられ，職業構造においても知識集約化・高付加価値化が進展しているようにみられる(ただしその推移は単線的なものではない)。しかし北海道においては，全国レベルの産業構造の急速な変化に歩調を合わせられなかった。全国レベルにおいて進展した産業の高度化に，北海道経済が取り残されたことを意味する。では，職業構造の変化(調整)はどのような様相を示してきたのであろうか。表 4-1 に記した分類を用いて，職業の類型別就業者数および比

第4章　経済のサービス化と職業構造　79

表 4-2　北海道の産業別就業者数および構成比　　(千人，％)

	1950年	1960年	1970年	1975年	1980年	1985年	1990年	1995年
第1次産業	820	779	516	397	353	334	293	251
同　％	47.45	35.64	21.08	16.17	13.59	12.68	10.86	8.96
同全国％	50.21	34.75	17.39	12.66	10.42	8.77	7.22	5.68
鉱業	124	111	54	32	28	21	10	7
建設業	81	181	267	305	347	325	331	366
製造業	195	229	305	303	286	272	291	285
同　％	11.29	10.46	12.46	12.35	11.03	10.34	10.81	10.16
第2次産業	400	520	626	640	666	618	632	659
同　％	23.15	23.81	25.57	26.05	25.46	23.50	23.44	23.47
同全国　％	21.61	26.86	35.16	35.25	34.79	34.30	33.59	32.91
第3次産業	508	886	1,307	1,420	1,584	1,678	1,771	1,896
サービス部門	508	876	1,294	1,404	1,567	1,663	1,755	1,879
同　％	29.40	40.09	52.83	57.17	60.32	63.24	65.13	66.99
同全国％	23.31	33.07	40.36	44.96	47.67	50.06	52.22	53.97
総計	1,728	2,184	2,450	2,457	2,598	2,630	2,700	2,806

注）　第1章表1-1と同じく，総理府『国勢調査』，総務庁『労働力調査年報』各年版等より作成。1970年以前は，電気・ガス・水道と運輸・通信が同一部門である。分類不能があるため，産業別就業者の合計が総計と異なる。

率の推移をみてみよう。ただし，専門的・技術的職業，管理的職業，事務従事者，販売従事者を「間接部門職業」，それに保安・サービス職業を加えた部分を「サービス型職業」と呼び，残りの職業部分を「直接部門職業」あるいは「財貨型職業」と呼ぶこととする。

　全国における動向は表4-3-aよりわかるように，専門的・技術的職業をはじめとする，いわば間接部門のウエイトが増してきた。ただし，わが国全体で就業総数が1950年から95年の間に1.81倍に増加したが，専門的・技術的職業従事者の増加は同期間に4.85倍でその比率が上昇しており，その一方で事務職業，販売職業，および保安・サービス職業従事者数は同期間にそれぞれ4.12倍，3.17倍，および4.27倍に増加しそのシェアも上昇した。しかしこれらに較べると，技能工，生産工程作業・単純労働従事者の数およびシェアともに変化はそれほど大きくはない。直接部門のなかでも，技能工，生産工程作業・単純労働のシェアは70年にかけて上昇し，70年代半ばから

表 4-3-a　職業類型別就業者数：全国

(万人，%)

	総計：万人	専門的・技術的職業	管理的職業	事務職業	販売職業	農林漁業	運輸・通信	技能工，生産工程作業・単純労働	保安・サービス職業
1950年	3,551	163	71	304	298	1,704	44	824	143
55年	4,115	190	75	369	488	1,652	70	1,073	198
1960年	4,463	225	78	501	538	1,457	107	1,285	272
65年	4,744	244	116	643	558	1,207	194	1,455	327
1970年	5,085	295	134	755	662	880	232	1,740	387
75年	5,213	364	206	820	738	654	237	1,737	457
1980年	5,524	438	220	924	797	570	248	1,826	501
85年	5,784	538	211	1,021	861	502	227	1,923	501
1990年	6,221	690	239	1,157	940	448	233	1,979	535
95年	6,433	790	236	1,252	945	363	237	2,000	610
	%	%	%	%	%	%	%	%	%
1950年		4.60	2.00	8.55	8.39	47.99	1.24	23.22	4.03
55年		4.62	1.82	8.97	11.86	40.15	1.70	26.08	4.81
1960年		5.04	1.75	11.23	12.05	32.65	2.40	28.79	6.09
65年		5.14	2.45	13.55	11.76	25.44	4.09	30.67	6.89
1970年		5.80	2.64	14.85	13.02	17.31	4.56	34.22	7.61
75年		6.98	3.95	15.73	14.16	12.55	4.55	33.32	8.77
1980年		7.93	3.98	16.73	14.43	10.32	4.49	33.06	9.07
85年		9.30	3.65	17.65	14.89	8.68	3.92	33.25	8.66
1990年		11.09	3.84	18.60	15.11	7.20	3.75	31.81	8.60
95年		12.28	3.67	19.46	14.69	5.64	3.68	31.09	9.48

資料）労働省『労働統計年鑑』，総理府『国勢調査』各年版より作成。

微減の傾向にあり，図1-1，表1-1，および表4-2で明らかになった第2次産業・製造業のウエイトの推移と軌を同じくしている。

　北海道においても，職業類型からみた就業者の動向は，全国のそれと同様の傾向を示している。表4-3-bよりわかるように，50年から95年の期間に就業者総計は1.62倍増加し，専門的・技術的職業では4.50倍の増加，事務職業，販売職業，および保安・サービス職業従事者数はそれぞれ，2.93倍，3.38倍，および3.97倍増加した。ただし，全国に比して管理的職業のシェアが60年代からやや高くなってきたこと，専門的・技術的職業のシェアの上昇が全国に先行していること，他方，保安・サービス職業のウエイトが60年代から急速に上昇してきたこと，技能工，生産工程作業・単純労働の

第4章 経済のサービス化と職業構造　81

表4-3-b　職業類型別就業者数：北海道　　　　　　　　　　(人，％)

	総計：人	専門的・技術的職業	管理的職業	事務職業	販売職業	農林漁業	運輸・通信	技能工，生産工程作業・単純労働	保安・サービス職業
1950年	1,728,122	75,593	32,144	169,248	119,481	792,810	25,904	352,865	80,015
55年	1,973,622	95,745	36,358	168,516	173,955	818,229	68,285	395,414	154,769
1960年	2,183,002	108,011	45,693	222,568	207,506	744,288	89,544	510,286	185,014
65年	2,325,925	133,325	64,490	297,315	256,740	583,495	123,030	645,985	220,640
1970年	2,449,770	159,395	93,645	336,645	299,100	490,690	140,385	683,140	246,710
75年	2,457,260	187,645	110,410	393,945	322,730	378,765	142,635	657,545	262,005
1980年	2,598,312	218,828	130,454	421,673	368,667	337,522	145,571	708,894	265,573
85年	2,629,829	277,244	118,059	452,321	378,267	319,374	136,955	663,146	282,308
1990年	2,695,884	304,013	121,620	483,210	388,076	280,036	130,693	684,199	294,023
95年	2,806,435	340,488	125,587	495,455	404,099	241,416	132,803	735,311	317,531
	％	％	％	％	％	％	％	％	％
1950年		4.37	1.86	9.79	6.91	45.88	1.50	20.42	4.63
55年		4.85	1.84	8.54	8.81	41.46	3.46	20.03	7.84
1960年		4.95	2.09	10.20	9.51	34.09	4.10	23.38	8.48
65年		5.73	2.77	12.78	11.04	25.09	5.29	27.77	9.49
1970年		6.51	3.82	13.74	12.21	20.03	5.73	27.89	10.07
75年		7.64	4.49	16.03	13.13	15.41	5.80	26.76	10.66
1980年		8.42	5.02	16.23	14.19	12.99	5.60	27.28	10.22
85年		10.54	4.49	17.20	14.38	12.14	5.21	25.22	10.73
1990年		11.28	4.51	17.92	14.40	10.39	4.85	25.38	10.91
95年		12.13	4.47	17.65	14.40	8.60	4.73	26.20	11.31

資料）労働省『労働統計年鑑』，総理府『国勢調査』各年版より作成。

シェアが相対的に低く，その推移も全国とは異なったものであることなどがわかる(ただしこの部分には，採鉱・採石従事者も加えられていることから，石炭産業の盛衰が大きく影響してきたことを考慮しなければならない)。

　以上，北海道の場合を全国と比較して，就業者数からみた産業構造と同時に，類型別職業シェアの変化をみた。これらの変化は，産業の生産物(産出比率)の変化を反映しているだけでなく，広く経済社会構造の変化を色濃く映し出しているものである。これら統計にあらわれた変化は，各企業が生産，投入の両面にわたり，さまざまな調整を続けることにより対応してきた結果である。企業組織には，生産部門と管理・販売などのサービス部門が必要であり，後者は前者に依存してその水準が決定されるだろうが，非効率に陥りやすいことはよく指摘されるところである。また，生産物の高付加価値化を追求するためには専門的・技術的職業従事者の増加が不可欠であろうし，事

務や販売,さらには保安・サービス以上職業従事者を外部に委託する,いわゆるアウトソーシングを通じて,企業組織全体の効率化が図られるはずである。これらのミクロ的解釈については,すでに第1章および第3章でみたごとくである(たとえば,図3-2による説明を参照)。

これらの変化は,国際競争がいっそう厳しさを増したもの部門における企業が,高付加価値化を目指して企業組織の効率化を推し進めたという要因だけではなく,サービス部門の企業においても,組織の効率化による生産性の向上が図られた結果であると推測できるか,さらに詳しい分析が必要である。通産省(1980)では,産業の高度知識集約化による生産物の高付加価値化が,専門的・技術的職業従事者の増加を通じてなされるだろうという,やや楽観的な展望が示されていたが,その見通しは,各産業部門における職業ウェイトの変化をみることによって確認することができるはずである。

4.3 経済構造の変化と産職マトリックス

上述の説明のように,ミクロ的にもマクロ的にも,就業者数の職業分布が大きく変化してきたことが,各産業の高度化や高付加価値化にどれほど貢献し,高度知識集約化社会にふさわしい経済構造をつくってきたかどうかが,次の問題である。また同時に,北海道における動向は全国と比してどのようであったかが認識された上で,北海道に足りない部分,逆に北海道が比較優位な部分を明確にし,地域の産業政策を考えなければならない。本節ではこのような観点から産業構造の変化を分析する。

そのためには,表4-3の職業類型別就業者数の変化をさらに産業別,部門別に詳しく分析する必要がある。ある産業の就業者が,経済構造の変化に応じて他の(より高度な)産業に転職する,あるいは同一の産業や企業内部で他の(より高度な)業種に移るという変化の方向を分析してはじめて,サービス化とか,産業の高度化の内容を確かめることができるからである。つまり図4-1のごとく,第i産業で第j職業の就業者(L_{ij})は産業間および職業間で移動するから,それらの移動の方向をみることが必要なのである。その方法

第4章 経済のサービス化と職業構造　83

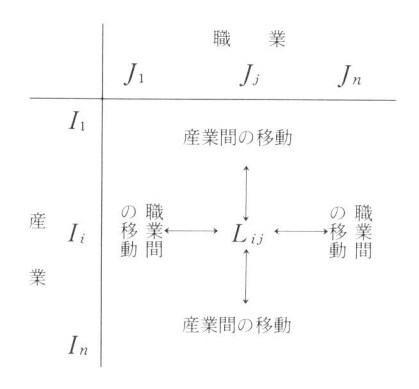

```
                    職　業
              J₁      Jⱼ      Jₙ
          ┌─────────────────────────
       I₁ │
          │        産業間の移動
          │            ↕
    産  Iᵢ │  の職     ←  Lᵢⱼ  →    の職
    業    │  移業                    移業
          │  動間                    動間
          │            ↕
          │        産業間の移動
       Iₙ │
```

図 4-1

が,「産職マトリックス」を用いた分析である。表 4-1 に分類した産業を縦方向に, 職業を横方向に並べて各マス目の就業者数およびその変化をみるのである。この方法によって, 就業構造からみた全国と北海道の産業の質的変化を推測することが可能となる。ただし,「産職マトリックス」のデータは, 5 年ごとの総務庁『国勢調査報告』によるもので, 全国については 1960 年から 95 年のものであるが, 北海道についてのデータは 1965 年からしか利用できないという制約がある。

表 4-4 および表 4-5 には, 全国および北海道のそれぞれについて, 農林水産業(第 1 次産業), 第 2 次産業, 第 3 次産業, さらにもの部門とサービス部門とに分類した各職業就業者数とそのシェアの推移が示されている。そこでは, 各職業就業者数を専門的・技術的職業, 管理的職業, 事務職業, 販売職業, 保安・サービス職業からなる「サービス型職業」と, その他の職業よりなる「財貨型職業」とに分けて集計されている。とくに表 4-4 および表 4-5 の下段のシェアについては, もの部門およびサービス部門で数値が右上方へ位置している場合には, そのシェアが前期よりも上昇していることをあらわす。

表 4-3-a でもすでに簡単に示しておいたが, 財貨型職業従事者数は, 1960 年から 95 年の間に全体で 300 万人強減少し, 他方でサービス型職業は 2056.5 万人の大幅な増加である。財貨型職業従事者が最も多く減少したのは

表 4-4-a 職業類型別就業者数の変化：全国

サービス型職業 (千人, %)

	1960年	1965年	1970年	1975年	1980年	1985年	1990年	1995年
農林水産業	79	80	87	97	93	90	83	75
第2次産業	2,396	3,282	4,029	4,579	4,636	5,344	6,116	6,416
第3次産業	12,672	15,938	18,909	21,975	24,786	27,062	29,513	31,718
もの部門	2,595	3,513	4,281	4,866	4,921	5,642	6,408	6,715
サービス部門	12,552	15,787	18,744	21,785	24,594	26,854	29,304	31,494
総　計	15,147	19,300	23,026	26,651	29,515	32,496	35,712	38,209

	1960年	1965年	1970年	1975年	1980年	1985年	1990年	1995年(%)
農林水産業	0.18	0.17	0.17	0.18	0.17	0.15	0.13	0.12
第2次産業	5.48	6.89	7.73	8.64	8.31	9.16	9.92	10.00
第3次産業	29.00	33.44	36.29	41.45	44.44	46.39	47.85	49.45
もの部門	5.94	7.37	8.22	9.18	8.82	9.67	10.39	10.47
サービス部門	28.73	33.13	35.97	41.09	44.09	46.03	47.51	49.10
総　計	34.67	40.50	44.19	50.27	52.91	55.70	57.90	59.57

資料）　総理府統計局，総務庁『国勢調査』より作成。
注）　サービス型職業は，専門的・技術的職業，管理的職業，事務，販売，保安・サービスよりなる。もの，サービス部門の数値で，右上方へ向かっているケースは，比率が上昇している場合，逆は逆をあらわす。また就業者シェアは，以下すべて全就業者数に対する比率である。

第4章 経済のサービス化と職業構造　85

表4-4-b　職業類型別就業者数の変化：全国

サービス型職業のうち専門的・技術的職業　　　　　　　　　　　　　　　　　　（千人，％）

	1960年	1965年	1970年	1975年	1980年	1985年	1990年	1995年
農林水産業	5	6	13	13	14	8	6	6
第2次産業	238	361	537	481	522	1,082	1,250	1,412
第3次産業	1,893	2,311	2,878	3,530	4,345	5,297	6,012	6,584
もの部門	255	389	575	521	562	1,136	1,297	1,460
サービス部門	1,881	2,289	2,852	3,503	4,319	5,251	5,971	6,542
総　　計	2,136	2,678	3,428	4,024	4,881	6,388	7,268	8,002

	1960年	1965年	1970年	1975年	1980年	1985年	1990年	1995年(%)
農林水産業	0.01	0.01	0.02	0.03	0.03	0.01	0.01	0.01
第2次産業	0.54	0.76	1.03	0.91	0.94	1.86	2.03	2.20
第3次産業	4.33	4.85	5.52	6.66	7.79	9.08	9.75	10.26
もの部門	0.58	0.82	1.10	0.98	1.01	1.95	2.10	2.28
サービス部門	4.30	4.80	5.47	6.61	7.74	9.00	9.68	10.20
総　　計	4.89	5.62	6.58	7.59	8.75	10.95	11.78	12.48

農林水産業で，およそ1000万人の減少である。農林水産業を含む，もの部門における同職業従事者は約700万人の減少で，逆に，第2次産業においては約400万人の増加である。農林水産業からの就業者の流出を吸収したのが第2次産業の財貨型職業にとどまらず，サービス部門を含むサービス型職業で，より多くの就業者を吸収したことは明らかである。また，この間の新規就業者を最も多く吸収したのも，もの部門・サービス部門両部門にわたるサービス型職業であり，60年の1514.7万人から95年の3820.9万人へと，

表 4-4-c　職業類型別就業者数の変化：全国

財貨型職業　　　　　　　　　　　　　　　　　　　　　　　　　　　（千人，％）

	1960年	1965年	1970年	1975年	1980年	1985年	1990年	1995年
農林水産業	14,266	11,667	10,000	7,272	6,037	5,336	4,323	3,745
第2次産業	10,332	11,916	13,676	13,469	13,932	13,886	14,330	13,827
第3次産業	3,929	4,721	5,388	5,564	6,194	6,528	6,981	7,913
もの部門	24,712	23,705	23,800	20,872	20,120	19,348	18,774	17,712
サービス部門	3,816	4,599	5,265	5,432	6,043	6,403	6,860	7,773
総　計	28,527	28,304	29,065	26,304	26,163	25,751	25,634	25,485

	1960年	1965年	1970年	1975年	1980年	1985年	1990年	1995年(％)
農林水産業	32.65	24.48	19.19	13.72	10.82	9.15	7.01	5.84
第2次産業	23.65	25.00	26.25	25.41	24.98	23.80	23.23	21.56
第3次産業	8.99	9.91	10.34	10.49	11.10	11.19	11.32	12.34
もの部門	56.56	49.74	45.67	39.37	36.07	33.17	30.44	27.61
サービス部門	8.73	9.65	10.10	10.25	10.83	10.98	11.12	12.12
総　計	65.29	59.39	55.78	49.62	46.91	44.14	41.56	39.73

資料）総理府統計局，総務庁『国勢調査』より作成。
注）財貨型職業は，農林漁業，運輸・通信，技能工，生産工程作業・単純労働よりなる。

2.52倍に増加した。同期間に，サービス部門におけるだけでもサービス型職業従事者は，1255.2万人から3149.4万人へと2.51倍の増加で，もの部門のサービス型職業も，259.5万人から671.5万人へと2.59倍増加しているのである。

表4-4-a〜eおよび表4-5-a〜eには，全国と北海道におけるサービス型

第4章 経済のサービス化と職業構造　87

表 4-4-d　職業類型別就業者数の変化：全国

財貨型職業のうち，技能工，生産工程作業・単純労働職業　　　　　　　　　　　　　　（千人，%）

	1960年	1965年	1970年	1975年	1980年	1985年	1990年	1995年
農林水産業	95	48	39	39	33	40	50	55
第2次産業	10,034	11,518	13,258	13,048	13,543	13,552	14,024	13,529
第3次産業	2,723	2,987	3,434	3,530	4,094	4,443	4,874	5,712
もの部門	10,237	11,682	13,414	13,213	13,724	13,714	14,192	13,721
サービス部門	2,614	2,870	3,316	3,403	3,947	4,320	4,756	5,574
総　計	12,851	14,553	16,731	16,616	17,671	18,034	18,948	19,295

	1960年	1965年	1970年	1975年	1980年	1985年	1990年	1995年(%)
農林水産業	0.22	0.10	0.07	0.07	0.06	0.07	0.08	0.09
第2次産業	22.97	24.17	25.44	24.61	24.28	23.23	22.74	21.09
第3次産業	6.23	6.27	6.59	6.66	7.34	7.62	7.90	8.90
もの部門	23.43	24.51	25.74	24.92	24.60	23.51	23.01	21.39
サービス部門	5.98	6.02	6.36	6.42	7.08	7.41	7.71	8.69
総　計	29.41	30.54	32.11	31.34	31.68	30.91	30.72	30.08

職業と財貨型職業について，産職マトリックスで分類した就業者数の全就業者に占めるシェアが示されている。とくに，サービス型職業のうち，専門的・技術的職業のシェアの変化が表4-4-bおよび表4-5-bの下段に，財貨型職業のうち，技能工，生産工程作業・単純労働職業のシェアの変化が表4-4-dおよび表4-5-dの下段に示されている。これらから明らかなように，ものおよびサービス両部門においてサービス型職業従事者の比率が一貫して上昇傾向にある。とくに，もの部門の専門的・技術的職業従事者のウエイト

表 4-4-e(1)　サービス型職業のうち，管理的職業：全国　(%)

	1960年	1965年	1970年	1975年	1980年	1985年	1990年	1995年
農林水産業	0.02	0.02	0.03	0.03	0.03	0.03	0.03	0.02
第2次産業	1.03	1.27	1.67	1.83	2.02	1.67	1.60	1.53
第3次産業	1.28	1.68	2.24	2.44	2.73	2.34	2.50	2.59
もの部門	1.06	1.31	1.72	1.89	2.09	1.72	1.65	1.57
サービス部門	1.26	1.66	2.22	2.41	2.70	2.32	2.47	2.56
総　計	2.33	2.97	3.94	4.30	4.78	4.05	4.12	4.13

表 4-4-e(2)　サービス型職業のうち，事務職業：全国　(%)

	1960年	1965年	1970年	1975年	1980年	1985年	1990年	1995年
農林水産業	0.10	0.10	0.09	0.09	0.09	0.09	0.07	0.06
第2次産業	2.91	3.73	3.85	4.41	4.05	4.19	4.63	4.40
第3次産業	7.42	9.13	10.03	12.17	12.53	13.66	14.37	14.40
もの部門	3.23	4.08	4.17	4.78	4.39	4.52	4.93	4.69
サービス部門	7.20	8.89	9.80	11.90	12.28	13.42	14.14	14.17
総　計	10.43	12.97	13.97	16.68	16.67	17.94	19.07	18.86

表 4-4-e(3)　サービス型職業のうち，販売職業：全国　(%)

	1960年	1965年	1970年	1975年	1980年	1985年	1990年	1995年
農林水産業	0.03	0.01	0.01	0.02	0.01	0.01	0.02	0.02
第2次産業	0.69	0.71	0.82	1.14	1.09	1.31	1.55	1.72
第3次産業	9.84	11.00	11.17	12.12	13.21	12.91	12.69	13.07
もの部門	0.72	0.73	0.83	1.17	1.11	1.33	1.59	1.76
サービス部門	9.84	10.99	11.17	12.12	13.21	12.90	12.67	13.04
総　計	10.56	11.72	12.00	13.28	14.32	14.23	14.26	14.80

表 4-4-e(4)　サービス型職業のうち，保安・サービス職業：全国　(%)

	1960年	1965年	1970年	1975年	1980年	1985年	1990年	1995年
農林水産業	0.02	0.02	0.01	0.01	0.01	0.01	0.01	0.01
第2次産業	0.31	0.41	0.37	0.34	0.21	0.13	0.11	0.15
第3次産業	6.13	6.79	7.32	8.07	8.17	8.40	8.55	9.13
もの部門	0.35	0.44	0.39	0.36	0.23	0.15	0.12	0.17
サービス部門	6.12	6.78	7.31	8.06	8.17	8.39	8.54	9.13
総　計	6.47	7.22	7.70	8.42	8.39	8.54	8.67	9.29

第4章 経済のサービス化と職業構造　89

表4-5-a　職業類型別就業者数の変化：北海道

サービス型職業　　　　　　　　　　　　　　　　　　　　（千人，%）

	1965年	1970年	1975年	1980年	1985年	1990年	1995年
農林水産業	17	17	16	15	15	12	10
第2次産業	113	123	148	158	167	178	194
第3次産業	842	995	1,112	1,232	1,326	1,400	1,478
もの部門	136	148	174	182	192	200	214
サービス部門	837	988	1,103	1,223	1,316	1,390	1,468
総　計	972	1,135	1,277	1,405	1,508	1,591	1,682

	1965年	1970年	1975年	1980年	1985年	1990年	1995年(%)
農林水産業	0.74	0.68	0.66	0.59	0.56	0.46	0.35
第2次産業	4.85	5.04	6.04	6.06	6.37	6.60	6.93
第3次産業	36.22	40.63	45.25	47.42	50.42	51.94	52.66
もの部門	5.84	6.03	7.08	7.01	7.31	7.43	7.64
サービス部門	35.97	40.32	44.88	47.07	50.04	51.58	52.29
総　計	41.81	46.35	51.96	54.08	57.35	59.01	59.94

資料）　総理府統計局，総務庁『国勢調査』より作成。
注）　サービス型職業は，専門的・技術的職業，管理的職業，事務，販売，保安・サービスよりなる。もの，サービス部門の数値で，右上方へ向かっているケースは，比率が上昇している場合，逆は逆をあらわす。

が急激に高まってきた。しかし，もの部門におけるサービス型職業従事者の増加は一様なものではない。60年から70年，80年から95年の期間ではその増加が人数においても比率においても顕著であるが，70年代の第1次石油ショックがその増勢をストップさせた。これは，とくに専門的・技術的職業従事者にあてはまる。

しかしもの部門とは対照的に，サービス部門のサービス型職業および専門

表 4-5-b　職業類型別就業者数の変化：北海道

サービス型職業のうち，専門的・技術的職業　　　　　　　　　　　　　　　　（千人，％）

	1965年	1970年	1975年	1980年	1985年	1990年	1995年
農林水産業	1	2	2	2	1	1	1
第2次産業	13	13	15	16	33	34	42
第3次産業	119	144	170	202	243	269	297
もの部門	15	16	19	18	37	37	45
サービス部門	119	143	169	201	240	267	295
総　計	133	159	188	219	277	304	340

	1965年	1970年	1975年	1980年	1985年	1990年	1995年(％)
農林水産業	0.06	0.07	0.08	0.06	0.05	0.03	0.03
第2次産業	0.55	0.55	0.63	0.60	1.27	1.27	1.50
第3次産業	5.13	5.89	6.93	7.76	9.22	9.97	10.60
もの部門	0.64	0.67	0.76	0.70	1.42	1.38	1.60
サービス部門	5.10	5.84	6.87	7.73	9.13	9.90	10.53
総　計	5.73	6.51	7.64	8.42	10.54	11.28	12.13

的・技術的職業従事者の割合は，増加の傾向にあった。もの部門におけるサービス型職業，とくに専門的・技術的職業従事者の増加は，もの部門内でのソフト化の進行を意味するだろうが，その進行は経済変動の影響を受け，雁行型である。一方，サービス部門における専門的・技術的職業従事者の増加は，もの部門と対照的に持続的であり，量的にも全就業者の1割を超えるまでに拡大している。産業の高度化の要因を専門的・技術的職業従事者の増加に求めた通産省(1981)は，製造業において同従事者の増加がみられるであろうと期待していたが，そのシェアは上昇しているものの比較的低位にあり，

表4-5-c　職業類型別就業者数の変化：北海道

財貨型職業 (千人, %)

	1965年	1970年	1975年	1980年	1985年	1990年	1995年
農林水産業	600	500	381	338	319	280	242
第2次産業	489	503	492	504	451	454	464
第3次産業	263	312	306	350	350	361	403
もの部門	1,095	1,008	878	849	775	740	712
サービス部門	257	306	300	343	345	355	397
総　計	1,352	1,314	1,179	1,192	1,119	1,095	1,109

	1965年	1970年	1975年	1980年	1985年	1990年	1995年(%)
農林水産業	25.81	20.40	15.51	13.00	12.12	10.40	8.61
第2次産業	21.03	20.53	20.01	19.40	17.13	16.84	16.53
第3次産業	11.30	12.72	12.46	13.47	13.31	13.38	14.37
もの部門	47.07	41.14	35.75	32.67	29.46	27.43	25.37
サービス部門	11.07	12.50	12.23	13.20	13.11	13.18	14.15
総　計	58.14	53.65	47.98	45.87	42.57	40.61	39.52

資料）　総理府統計局，総務庁『国勢調査』より作成。
注）　財貨型職業は，農林漁業，運輸・通信，技能工，生産工程作業・単純労働よりなる。もの，サービス部門の数値で，右上方へあがっているケースは，比率が上昇している場合，逆は逆をあらわす。

実際には産業全体の高度化がサービス部門における同従事者の増加となってあらわれ，サービス部門が全体の動向を左右していることは否定できない。

また第3章で明らかにしたように，もの部門の保安・サービス職業従事者数シェアは，1960年から90年にかけておよそ1/3に減少している。そして70年代は，ニクソン・ショックから石油ショックと，わが国の経済を取り巻く環境の大きな変化があり，重厚長大型産業の構造転換が迫られた時期で

表 4-5-d　職業類型別就業者数の変化：北海道

財貨型職業のうち，技能工，生産工程作業・単純労働職業　　　　　　　　　　（千人，%）

	1965年	1970年	1975年	1980年	1985年	1990年	1995年
農林水産業	20	13	6	6	6	6	7
第2次産業	463	478	468	481	432	437	448
第3次産業	163	192	183	222	226	241	280
もの部門	488	496	480	494	443	449	461
サービス部門	158	187	178	215	221	236	274
総　計	646	683	658	709	663	684	735

	1965年	1970年	1975年	1980年	1985年	1990年	1995年(%)
農林水産業	0.86	0.54	0.26	0.22	0.21	0.23	0.24
第2次産業	19.90	19.52	19.03	18.51	16.42	16.22	15.98
第3次産業	7.01	7.83	7.47	8.55	8.58	8.93	9.97
もの部門	20.97	20.26	19.52	19.00	16.83	16.64	16.44
サービス部門	6.80	7.62	7.24	8.28	8.39	8.74	9.75
総　計	27.77	27.89	26.76	27.28	25.22	25.38	26.19

もある。その一方で，サービス部門における保安・サービス職業従事者数および比率の増加が，この期間も続いている。先に述べたように，経済の脱工業化がこの期間に始まり，もの部門内部における調整だけでなく，サービス部門への業務の外部化を通した大きな調整が行われていたことをうかがわせるのである。

そのプロセスで，とくに製造業の知識集約化が，専門的・技術的職業従事者の増加というかたちであらわれた。しかし，知識集約化の進展は決して単純なものではなく，製造業をはじめ，もの部門における技能工，生産工程作

表 4-5-e(1)　サービス型職業のうち，管理的職業：北海道　(%)

	1965年	1970年	1975年	1980年	1985年	1990年	1995年
農林水産業	0.08	0.10	0.13	0.12	0.12	0.11	0.07
第2次産業	0.83	1.14	1.48	1.74	1.57	1.48	1.44
第3次産業	1.87	2.59	2.89	3.16	2.81	2.93	2.96
もの部門	0.92	1.26	1.65	1.89	1.71	1.62	1.54
サービス部門	1.85	2.56	2.85	3.13	2.78	2.89	2.93
総　　計	2.77	3.82	4.49	5.02	4.49	4.51	4.47

表 4-5-e(2)　サービス型職業のうち，事務職業：北海道　(%)

	1965年	1970年	1975年	1980年	1985年	1990年	1995年
農林水産業	0.49	0.43	0.38	0.33	0.33	0.27	0.19
第2次産業	2.56	2.44	2.84	2.75	2.56	2.74	2.74
第3次産業	9.73	10.87	12.80	13.15	14.31	14.91	14.70
もの部門	3.23	3.08	3.49	3.34	3.14	3.26	3.17
サービス部門	9.55	10.66	12.54	12.88	14.06	14.66	14.46
総　　計	12.78	13.74	16.03	16.23	17.20	17.92	17.64

表 4-5-e(3)　サービス型職業のうち，販売職業：北海道　(%)

	1965年	1970年	1975年	1980年	1985年	1990年	1995年
農林水産業	0.02	0.01	0.02	0.03	0.02	0.02	0.02
第2次産業	0.38	0.46	0.67	0.67	0.79	0.98	1.07
第3次産業	10.65	11.74	12.45	13.48	13.58	13.40	13.30
もの部門	0.39	0.47	0.69	0.71	0.81	1.01	1.11
サービス部門	10.65	11.74	12.45	13.48	13.58	13.38	13.28
総　　計	11.04	12.21	13.13	14.19	14.38	14.40	14.39

表 4-5-e(4)　サービス型職業のうち，保安・サービス職業：北海道　(%)

	1965年	1970年	1975年	1980年	1985年	1990年	1995年
農林水産業	0.11	0.07	0.06	0.05	0.04	0.03	0.03
第2次産業	0.54	0.46	0.42	0.30	0.19	0.14	0.19
第3次産業	8.84	9.54	10.18	9.86	10.50	10.74	11.10
もの部門	0.65	0.54	0.50	0.36	0.23	0.17	0.22
サービス部門	8.83	9.53	10.17	9.86	10.50	10.74	11.09
総　　計	9.48	10.07	10.66	10.22	10.73	10.91	11.31

業・単純労働従事者には明確な減少はみられないし，サービス部門における同職業従事者数は，1960年の261.4万人から95年の557.4万人へと30年間でおよそ2.7倍に増加し，同様に事務職業従事者はもの部門で2倍以上，サービス部門で3倍以上増加している。専門的・技術的職業に代表される高度知識集約的な職業従事者が増えた一方で，比較的単純な業務に従事する者もまた増加しているのである。

　このような全国の動向に比して，北海道ではどのような産業別職業従事者数の変化がみられるだろうか。産業全体としては，北海道の間接部門従事者のシェアの上昇が全国に先行し，サービス部門のウエイトも大きいことはすでに述べた。ただ表4-5-b下段からわかるように，北海道では全国に比してもの部門のサービス型職業のシェア，とりわけ専門的・技術的職業のシェアが低い。サービス部門のなかでは，サービス型職業のシェアがかなり高く，とくに保安・サービス職業従事者のシェアが高い。1995年時点で，北海道のもの部門における専門的・技術的職業の就業者数シェアは1.60%，全国のそれは2.28%である。通産省(1981)のように，専門的・技術的職業のシェアの上昇を高度知識集約化の目安とすれば，北海道は全国に比して，もの部門においては高度知識集約化に立ち遅れてきた，といえよう。また，もの部門における技能工，生産工程作業・単純労働職業従事者の推移においても，全国とはかなり異なった様相を示している(その要因については後述する)。

　サービス部門についてはこれとは逆に，全国よりも北海道における方が専門的・技術的職業のシェアが高く，一見するところ，サービス部門が比較的高度化しているようにみえる。しかし，サービス部門における他の職業，事務，販売，保安・サービス，技能工，生産工程作業・単純労働といった，あまり知識集約的とはいえない部分においても，北海道におけるシェアは全国の場合よりも高い。これらのことがらを考慮すれば，北海道は，サービス部門においても高度知識集約化しているとはいえない。また，北海道の管理的職業のシェアの動向について，もの部門では全国とほぼ同様，サービス部門では全国よりも高く推移している。もの部門，とくに製造業以外の第2次産業，すなわち建設・土木において北海道の管理的職業のシェアがかなり高い

ことも明らかとなった。全国に比した北海道企業のパフォーマンスを考慮すれば，道内企業の経営上の非効率性がうかがい知れるのである[4]。

4.4 職業構造の変化——産業効果と職業効果——

　以上のことがらを勘案すれば，製造業を中心とするもの部門内部での資源の調整が「知識集約化」を目指して単線的に進んだものでなく，かなりの程度，サービス部門への依存関係を通じて行われてきたといえるであろう。サービス部門においても，サービス型職業従事者は1960年の1255.2万人から95年には3149.4万人へと2.5倍増加したが，これはもの部門の業務の外部化に応えただけではなく，サービス部門それ自体の成長による需要の増加を反映したものであろう。

　なかでも専門的・技術的職業従事者数は60年の213.6万人から95年には800.2万人へと急増したが，そのうちサービス部門では60年には188.1万人，95年には654.2万人ともの部門における増加を圧倒している。その一方でサービス部門では，比較的未熟練・低生産性労働であろうと思われる事務職業，販売職業，保安・サービス職業従事者のシェア合計は60年の23.16％から95年の36.34％と上昇しており，職業の分布に二極化があらわれてきているようにも思われる[5]。

　ところで，ある部門における特定の職業従事者数の変化は，一部は彼らが属する産業の規模が変化することによる部分，他の一部は産業内部および産業間にわたって調整される，職業に対する需要の変化による部分の2種類の変化が合成されたものである。就業者個人の立場に立てば，前者は要求される職業（職種，職能）に変化がないときに，彼が属する産業の規模の変化に伴う就業者数の変化であり，「産業効果」による就業者数の変化といえる。後者は，産業内そして部門内部での，彼の職業（職種，職能）に対する需要の変化であり，「職業効果」による就業者数の変化といえるだろう。先に掲げた図4-1をみていただきたい。計測時点t年のi産業のj職業従事者数を，$L_{ij}(t)$，$(t-1)$年のそれを$L_{ij}(t-1)$として，$(t-1)$年からt年にかけての

i 産業 j 職業従事者数の変化は,

$$L_{ij}(t)-L_{ij}(t-1)=\{L_{ij}(t)-A_{ij}\}+\{A_{ij}-L_{ij}(t-1)\} \quad (4\text{-}1)$$

とあらわすことができる。ただし,

$$A_{ij}=L_{ij}(t-1)\frac{L_i(t)}{L_i(t-1)} \quad (4\text{-}2)$$

であり, 産業効果と職業効果を分別するために工夫された調整項目である。

(4-1)式右辺の第1項は,「職業効果」による就業者数の変化部分, 第2項は「産業効果」による就業者数の変化部分である。全国における各産業, 職業部門における就業者数の変化について, 1960-65年, 65-70年, 70-75年, 75-80年, 80-85年, 85-90年, 90-95年の7期間をとり, この2つの効果による部分を算出した。ただし北海道における各産業, 職業部門における就業者数の変化については, 60年の産職マトリックス・データがないので, 65年から始まり95年までの期間について算出した。これらのなかから, 総計, 製造業, 第2次産業, サービス部門を選び, その数値をグラフにしたものが図4-2〜5である(全国については, 1960年から95年までの5年間ごとの7期間のデータがあるが, 北海道については65年から95年までの5年間ごとの6期間の計算結果しか得られないので, 全国についても, 65年から95年までの5年間ごとの6期間に限定して, 積み上げ棒グラフで示されているので注意されたい。なお, 全国についての1960-65年のデータは, 松本(1999)を参照していただきたい)[6]。

総計でみれば, 専門的・技術的職業においては, 職業効果によっても産業効果によっても従事者数は増加している。とりわけ, 産業効果による同職業従事者数の増加部分が, 圧倒的に大きいことが明らかである。しかし, 製造業あるいは第2次産業でみると, 同職業従事者数の増加は職業効果によるもので, 80年代には, 職業効果による増加が産業効果による増加をおよそ13倍も上回り, 第2次産業・もの部門でいわゆる「高度知識集約化」が急速に進展した, といえる。これに対して, サービス部門における専門的・技術的職業従事者は, 表4-4-bでみたように35年間一貫して増加しているが, い

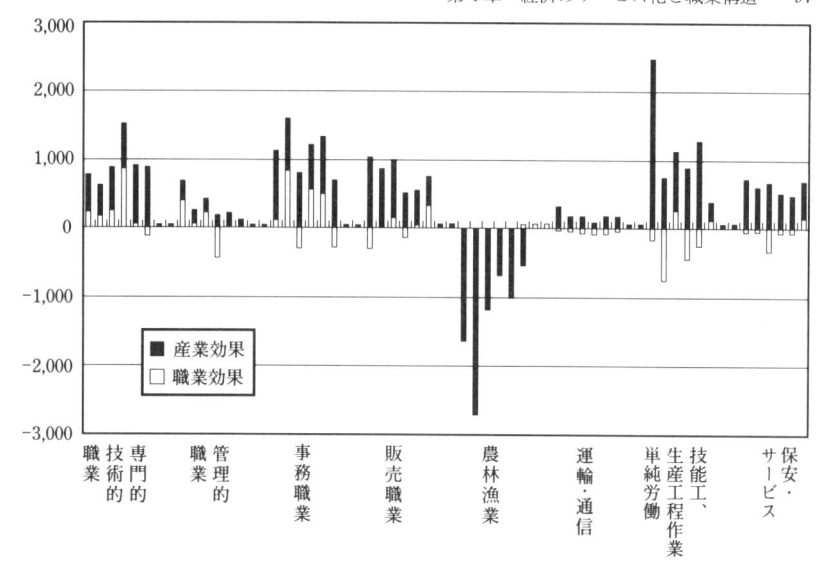

第4章　経済のサービス化と職業構造　97

図4-2-a　職業別就業者数の増減要因：全国－総計(千人)

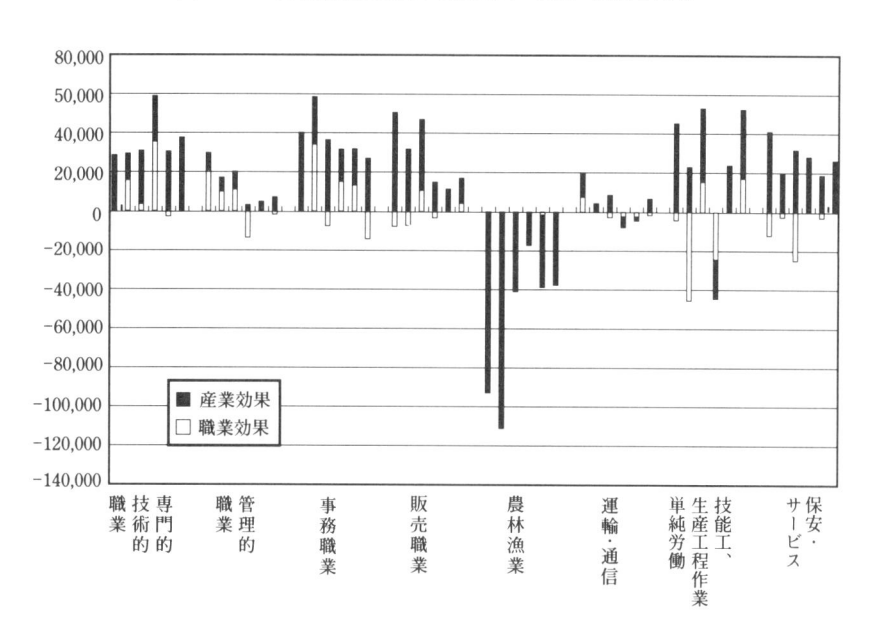

図4-2-b　職業別就業者数の増減要因：北海道－総計(人)

98

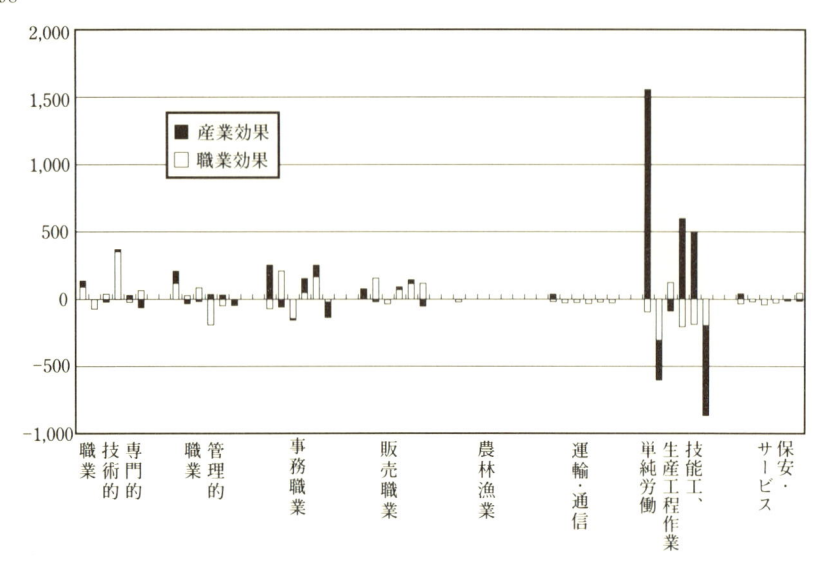

図4-3-a 職業別就業者数の増減要因:全国-製造業(千人)

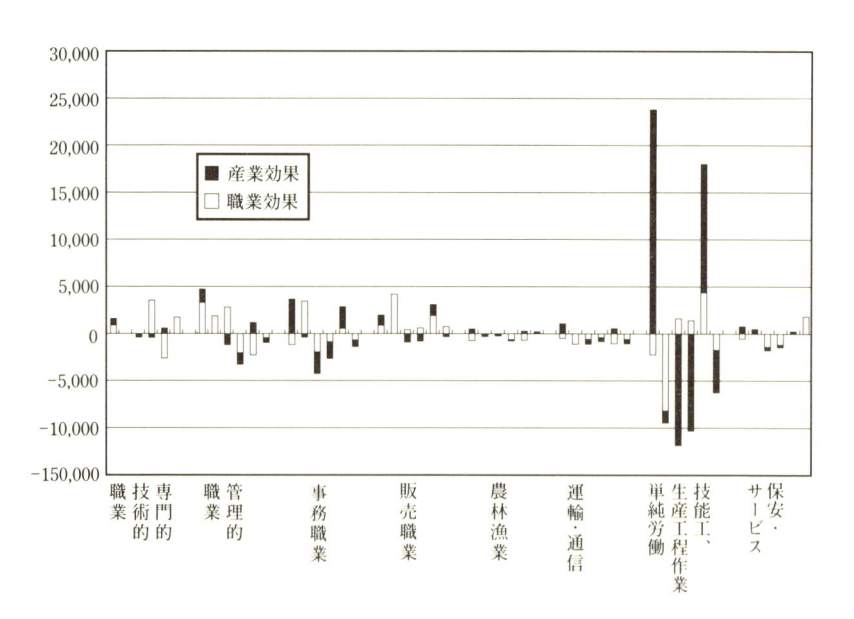

図4-3-b 職業別就業者数の増減要因:北海道-製造業(人)

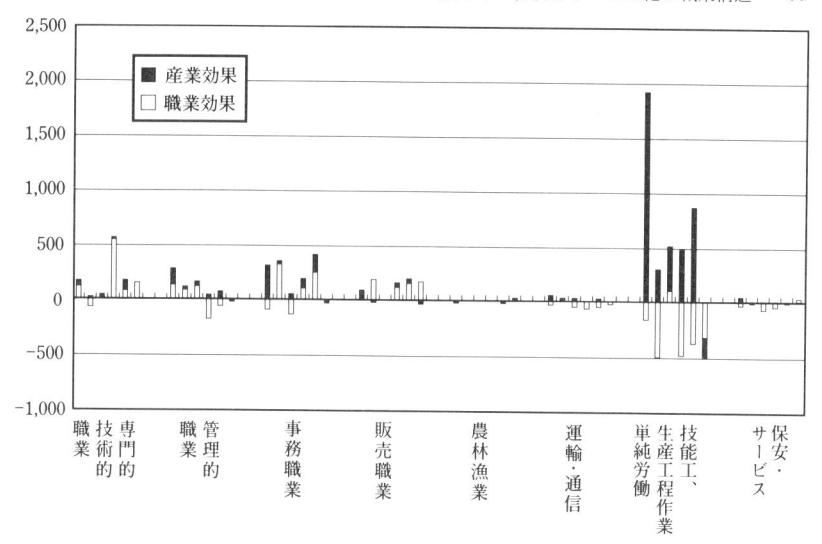

第 4 章　経済のサービス化と職業構造　99

図 4-4-a　職業別就業者数の増減要因：全国－第 2 次産業（千人）

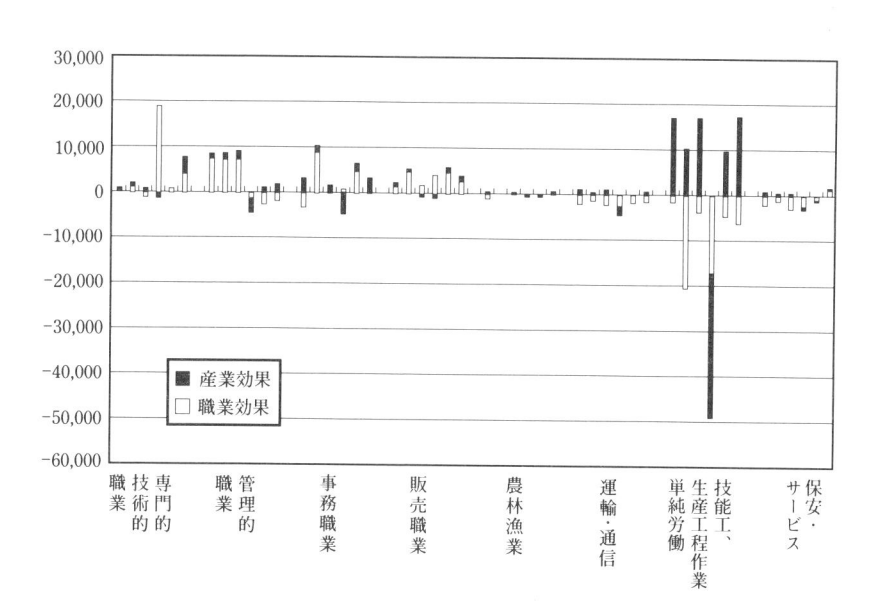

図 4-4-b　職業別就業者数の増減要因：北海道－第 2 次産業（人）

100

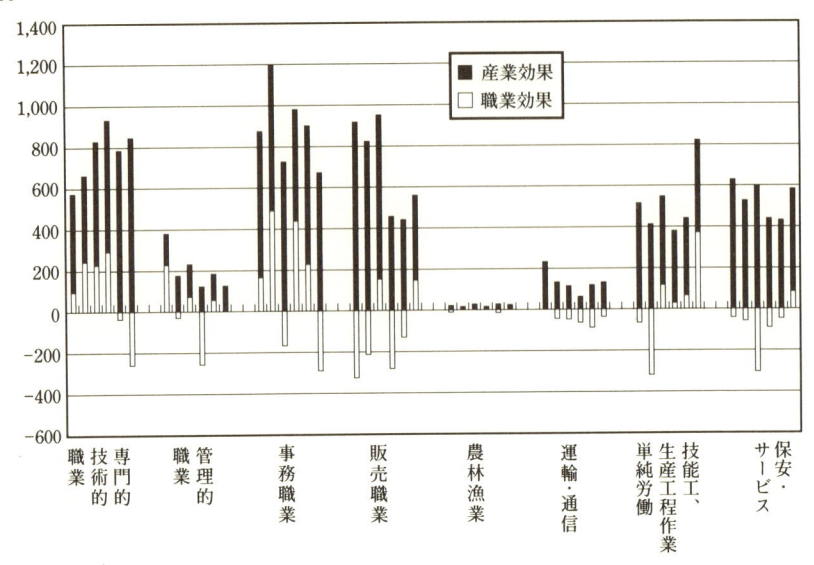

図4-5-a　職業別就業者数の増減要因：全国－サービス部門（千人）

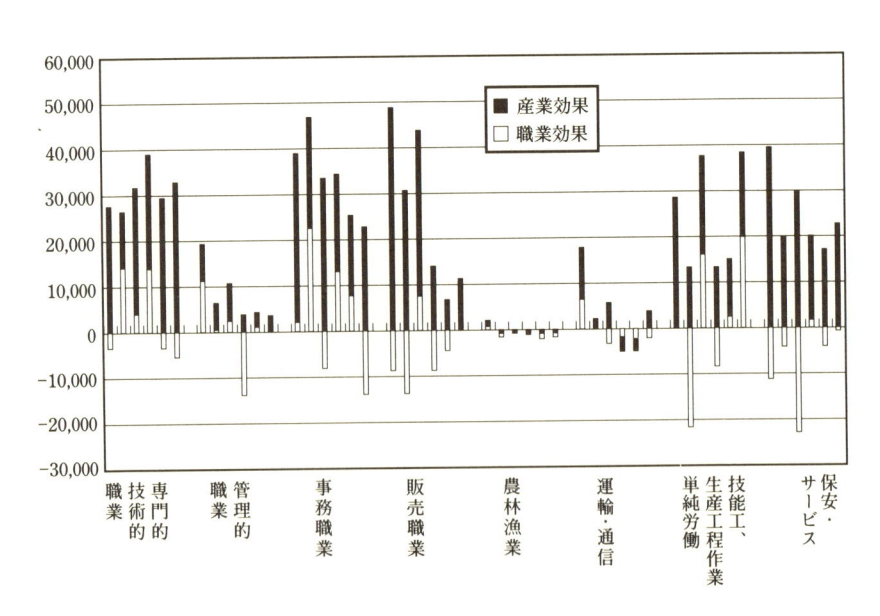

図4-5-b　職業別就業者数の増減要因：北海道－サービス部門（人）

ずれの期間においても，産業効果の方が職業効果よりもかなり大きいのが特徴で，第2次産業およびもの部門と対照的である。さらに，産業効果による専門的・技術的職業従事者数の増加の程度は，サービス部門において大きく，これが全体の動向を左右している。

　管理的職業，事務職業についてはどうであろうか。全体では65年から80年まで，職業効果，産業効果ともに従事者を増したが，80年以降は第2次産業，製造業，もの部門，サービス部門共に職業効果による従事者数が大きく減少している。その一方で，事務従事者は製造業，第2次産業で増減幅が少なく，65-70年を除けば，産業効果よりも職業効果による影響が大きい。事務従事者はいずれの部門でも増加しているが，製造業・もの部門では70年から80年の期間のみ，職業効果が産業効果を上回ったのに較べ，第3次産業およびサービス部門では，いずれの期間においても産業効果が職業効果を大きく上回り，事務従事者を増やしてきた。

　また技能工，生産工程作業・単純労働従事者の動向も，興味のあるものである。全体では3期間において職業効果がマイナス，産業効果がプラスであり，全体に職業効果の減少を産業効果の増加が大きく上回り，同職業従事者数は増加してきた。製造業においては，65年から70年までの産業効果による大幅な同職業従事者の増加に比し，70年から75年にかけて職業効果で21万人，産業効果で37万人の従事者の減少をみた。この期間の製造業では逆に，管理的職業および販売従事者は若干増加しているから，製造業内部においては職業間にわたって，高度化に向けた労働力の移動があったと考えられる。70年代のこのような調整とは逆に，80-85年，85-90年の2期間共に産業効果による技能工，生産工程作業・単純労働従事者は，かなりの増加をみた。この期間，職業効果による部分は減少しているから，第2次石油ショック後の景気回復期，プラザ合意をきっかけとする円高不況後の景気回復期からバブル景気において，製造業内部における職業の高度化が進んだ反面，製造業の生産増加が技能工，生産工程作業・単純労働従事者の増加により支えられた，といえるのではないだろうか。

　サービス部門では，技能工，生産工程作業・単純労働従事者の職業効果に

よる就業者の増加部分は75年までマイナスで，75年からはわずかのプラスに過ぎないが，産業効果は一貫してプラスであり，職業効果を大きく上回る。サービス部門の他の職業部分，販売従事者および保安・サービス職業従事者においても，職業効果はマイナスであるが産業効果は大きなプラスであり，これら職業従事者数の増加は顕著である。製造業における同職業従事者数の動向に照らし合わせれば，これらの職業で製造業からサービス部門へと業務の外部化が進み，それのみにとどまらず，サービス部門それ自体の成長によっても，同職業従事者が増加した，と推測できよう。つまり，製造業における就業者数の80年代の増加が，技能工，生産工程作業・単純労働といった生産現場であらわれた反面，管理，事務，販売，そして保安・サービスといった職業分野では，サービス部門への外部化が行われたのである。サービス部門では同時に，もの部門からの派生した需要の増加に加えて，サービス部門内部の相互依存度が強くなったことにより，これらの職業従事者が増加したのであると考えられる。そしてこれらの解釈は，Matsumoto(1996)および第3章における，産業連関分析から導出された結論と整合的なものである。

　全国レベルでのこのような推移に比較して，北海道の場合はかなり異なった様相を示している。北海道の場合は，全国に比してもの部門，とくに製造業において「専門的・技術的職業」従事者の比率がかなり低いことはすでに指摘した。全国レベルでは，70-75年を除いて職業効果によって専門的・技術的職業従事者は着実に増加してきた。しかし北海道ではその部分が非常に限定的なものであると同時に，85-90年において職業効果による同職業従事者数は，わずかではあるが，かえって減少している。

　また，もの部門，とくに製造業において「技能工，生産工程作業・単純労働」従事者の比率が低い。全就業者に対する製造業の同職業就業者の比率は，65年時点で全国の18.10％に比して北海道では8.72％，90年においてはそれぞれ16.37％，7.88％である。また，これらの職業従事者比率の動向においても，北海道は全国レベルと異なった動きを示している。たとえば全国では，65年からの各期間すべてにおいて産業効果による技能工，生産工程作業・単純労働従事者は増加（プラス）であるが，北海道の80-85年における変化は，

全国のそれとまったく逆である。これは，第2次産業および製造業における同職業従事者の変化が，全国レベルとまったく異なる動きを示したことによる。同職業従事者数にとくに顕著な相違がみられるのは，80-85年の変化である。全国レベルでは，産業効果によるプラス部分と職業効果によるマイナス部分がほぼ同数であるが，北海道では，産業効果による部分もマイナスで，しかも職業効果よりも大幅なマイナスである。

表4-3により，産業全体としての技能工，生産工程作業・単純労働従事者数は，全国ではわずかではあるが一貫して増加してきおり，北海道では80-85年の期間に約4.5万人の減少であることをすでにみたが，その原因が製造業を含む第2次産業における同職業従事者の激減にあったのである。第1次石油ショック以降，とくに80年代は，わが国製造業の構造転換が急速に進んだ時期であるが，北海道は，全国レベルの産業構造の調整に大きく遅れ，衰退産業における就業者の減少の反面，成長産業の立地展開が進まなかったことがこれらの原因であると思われる。

第2次産業や製造業に較べて，サービス部門における技能工，生産工程作業・単純労働従事者数の動向は，基本的には全国と同様であるものの，その増加テンポは速い。全国では，各期間共に産業効果による増加が支配的なのに対して，北海道では，70-75年の期間だけでなく他の期間においても同様に，職業効果による増加部分が大きいことが特徴としてみられる。それとは逆に，北海道におけるサービス部門の販売従事者は，職業効果よりも産業効果によってその増加が決定されており，やはり全国とは異なった要因による変化がみられる。

4.5 むすびにかえて

工業化を通じて発展してきた戦後の日本経済は，1970年代半ばに大きな転換点を迎え，ソフト化・サービス化が進展し続けている。産業構造の変化はサービス部門のウエイトの上昇だけでなく，もの部門における業種構成の変化にもあらわれている。これらの変化は，就業者の職業（職種・職能）の変

化を引き起こさずにはおかない。もの部門においては，専門的・技術的職業従事者が増加し，保安・サービス職業従事者が減少，そして技能工，生産工程作業・単純労働者の数は横這いである。サービス部門においては，専門的・技術的職業従事者の増加がよりいっそう顕著である反面，比較的未熟練・低生産性職業であると思われる販売職業従事者，保安・サービス職業従事者数が急増している。

　第3章の分析では，もの部門からサービス部門への間接波及効果が強くなっていると同時に，サービス部門内部の相互依存度（連関度）も高くなっていることをみた。もの部門が，自部門内のサービス型職業部分をサービス部門へアウトソーシングするプロセスがかなり進んだことを意味する。これに加えて，サービス部門の販売職業，保安・サービス職業の大幅な需要増加は，経済全体としてサービス需要が増加したことや生活様式，就業形態の変化もあったことを推測させるものである。それらの変化において，サービス型職業における専門的・高生産性職業と未熟練・低生産性職業従事者の分布に二極化があらわれてきているようにもみられる。これがサービス化経済における賃金・所得の二極化につながらないとも限らず，観察と検証を続ける必要があるように思われる。

　ところで全国の動向に比して，北海道経済のサービス化はどのように評価できるだろうか。北海道では製造業，なかでも自動車など輸送用機械や一般機械のように投入・産出の連関度の高い業種のウエイトが小さく，道内の需要の相当程度が移入によってまかなわれているから，道内の需要が道内の付加価値を誘発するパワーに欠ける。その反面，全国に先がけてサービス部門が高いシェアを保ち，サービス型職業従事者が増加しているが，職業内訳をみると，専門的・技術的職業のような高度な知識集約型の部分のウエイトは小さく，販売や保安・サービスといった比較的単純な技能による職業部分のウエイトが大きい。全国に較べて，サービス部門就業者シェアが高くサービス型職業従事者シェアも高いという北海道の就業構造の特徴が，北海道の産業の高度化に結びついたものではないといえる。これまでの分析からは，北海道におけるサービス部門は高度化・高付加価値化に遅れ，経済全体に及ぼ

す影響力にも期待はずれの感が否めない。しかしこのことは，サービス部門を中心として生産性を向上させる余地がかなり大きいということでもある。北海道経済の活性化を考える場合,「工業の振興」が叫ばれ工場の立地政策が要請される場合が多いが，製造業を中心としたもの部門のウエイトの低さを嘆くのみではなく，ウエイトの高いサービス部門の活動に期待できないかどうか，より詳細な検討が必要ではないだろうか。

　これらの考察をもとに，筆者は，地域における産業政策を考える際には，本章に第3章の分析を加えて「産業の連関(相互依存関係)」の視点が不可欠であると主張したい。そしてわれわれが産業の連関に注目する場合,「もの部門」と「サービス部門」との有益な依存関係をつくることを忘れるべきではない。企業は特化による高度化だけではなく，組織の効率化の観点から，他部門への業務の外部化を積極的に考慮して資源の有効配分に努めなくてはならないことは当然である。地域の産業政策においては，そのような企業行動を促すことが重要である。一般的にいえば，中長期的な経済構造の変化を正しく認識し，バラエティのある産業構造の構築，企業の育成に配慮すべきだろう。その際，「地域の雇用」の確保を過大に重視して不効率な産業構造や限界的な企業を温存する現状維持的な方向に走らず，地域の労働資源の効率的な配分や産業構造の改善に消極的にならないように注意しなくてはならないことはもちろんである。

1）　表4-1は『国勢調査』による。「電気・ガス・熱供給・水道業」は，以下では「電気・ガス・水道」と表記される。調査方法の違いにより，労働省『労働力調査年報』と総理府『国勢調査』とでは，数値に若干の相違が出る。また，分類方法については第3章も参照していただきたい。第3章でも述べた，国連の「国際標準産業分類」の職業版ともいえる「国際標準職業分類」(UN International Standard Classification of Occupations ; ISCO)では主なサービスとして
　　　専門的・技術的労働
　　　管理的・経営的労働
　　　事務および関連労働
　　　販売労働

サービス労働

があげられ，分類されている(Illeris (1996), p. 25)。
2） 表4-1の注に記したように，サービス職業従事者と保安職業従事者を合計して，保安・サービス職業従事者とした。これは，原資料の調査時点で分類が異なるためであり，職業分類はしばしば変更されていることによる不整合性に対処したためである。採鉱・採石従事者も1975年からは技能工・単純労働に含められている。また，表4-1の技能工，採掘・製造・建設作業者および労務作業者は，技能工，生産工程作業・単純労働従事者として表記される。
3） 「輸出代替」とは，(たとえば，軽工業製品から重化学工業製品への)主要輸出品目の大幅な交替をいう。大川・小浜(1993)を参照。
4） 他の先進国における，職業分布の変化についてのこのような分析については，寡聞にして識るところではないが，唯一，Illeris(1996)には，Applebaum and Albin (1990)によるアメリカについての分析が紹介されている(p.77)。それを示せば，

表4-6　アメリカにおける職業別労働力構成：1987年　(％, USドル)

	専門的・管理的職業	技術者・技能者・オペレーター	販売・事務・その他サービス職業	うち大卒比率	時間当たり平均賃金
工業，製造業，建設	31	53	16	15	7.96
サービス部門	43	12	45	27	6.91
総　計	39	25	36	23	7.24

のごとくである。本書の職業分類とは異なるが，とくにサービス部門で高度なスキルを必要とする職業に対する需要がかなり高い反面，販売・事務・その他サービス職業といった比較的生産性の低い未熟練の労働に対する需要比率も高いことがはっきりしている。大卒比率や時間当たり平均賃金もこのことを反映したものであろう。
5） 就業者数変化の要因分析を「もの部門」についてではなく，製造業と第2次産業について行ったのは，農林水産業部門の急激な変化による部分を排除するためである。
6） 注4でも言及したが，Illeris(1996)によればアメリカのサービス部門では単純作業に従事する未熟練・低賃金労働のウエイトが大きい。このような職業は相対的に高い失業率にさらされる部分であり，これら"bad jobs"の従事者の多くは女性，黒人，ヒスパニックによって占められているという(p.77)。

第5章　戦後の産業政策
――通産省の産業政策を中心として――

5.1　はじめに

　前章まで，戦後日本の経済発展を，イギリス経済の脱工業化と比較して論じてきた。工業化を通して高い経済成長率を実現してきたわが国の産業は，1970年代半ばを境に，その態様を大きく変え，産業構造・職業構造のいずれからみてもサービス化がいっそう進行している。このプロセスにおいて，戦後の高い経済成長率とそれを可能にした急速な資源配分の調整が，自由放任の市場原理のみによって実現してきたわけではない。金融・税制・為替管理等による政府の関与があったことはもちろんである。通産省を中心とした政府の産業育成政策は，その裏側に国内産業の保護政策があり，さらには衰退産業に対する調整援助政策があった。これまで，Shinohara(1982)，鶴田(1982)や小宮他(1984)をはじめ，これら産業政策の評価とモデル化がなされてきた。本章と次章では，前章までの分析を踏まえて，わが国経済のサービス化のプロセスにおいて，戦後の産業政策が果たしてきた性格・役割とその有効性を，産業界の対応に関連させて分析し評価する。

　ところで産業政策は，特定の産業を保護・育成するために資源配分を誘導する(あるいは規制する)手段を講じるものである。資源配分を特定分野へ誘導することは，他の分野における当該資源の利用を抑制し，かつ資源の流出を促すことでもあり，企業・産業の盛衰を促進し，地域の経済社会のあり方

にも大きな影響を及ぼす。この変化が急速であれば，資源移動のプラス効果よりもマイナス効果が大きくなることは十分に考えられ，いわゆる「産業調整」のコストを考慮しなければならなくなる。産業調整政策は，産業保護・育成政策に較べて取り上げられることは少なかったが，経済が成熟段階を迎えて新たな労働力の供給が期待できなくなれば，その重要性がいっそう増すことになり，検討が欠かせない。ただし，本章では主として1970年代末までの産業保護・育成政策を中心に取り上げ，産業調整の問題は次章で論じることとしたい。

　戦後の日本の急速な経済復興と高い経済成長率は，奇跡的なものであり，多くの経済学者がこの経済的成功の要因を説明しようとしてきた。そこであげられた要因は多岐にわたっている。労使関係を含む日本的経営，取引慣行，高い投資率，豊富な労働力の供給，財政金融政策，税体系，通産省の強力な産業政策，そして日本の社会構造や文化等である。ただしそれらの分析では，先進国か発展途上国かを問わず，他の国に較べて日本の政府，とくに通産省と産業界との間には密接な協力関係が存在し，両者が親密な関係にあることがよく指摘されている。通産省を中心とした産業政策も，この密接な協力関係をベースにしてはじめて，日本の経済的成功をもたらすのに有効であったということである。

　確かに，通産省が戦後日本の産業政策をリードしてきたことは否定できない。しかしだからといって，通産省が本当に日本の産業構造や産業組織をコントロールできたかどうか，通産省の産業政策がなければ，これほどの戦後日本の経済発展が実現できなかったかどうか，疑問とするところである。また，通産省がとってきた産業政策は特殊日本的なもので，他の国には適用できないものだろうか。産業政策が，わが国の経済発展にプラスに作用したことは確かだとはしても，より広い意味における国民生活の向上にどれほど寄与したと評価できるだろうか。

　次節では，通産省が主導してきた戦後日本の産業政策を概観する。次に，通産省がとってきた産業政策の特徴は決して自由競争促進的なものではなかったのであり，育成すべき業種を優遇しただけではなく，同一産業内の企業

についても選別的・差別的な性格を有していたことを明らかにしたい。当時，通産省の産業育成政策の念頭にあったのは「国際競争力の強化」であり，国内的には「過当競争の防止」であった。それゆえに，保護・育成すべきと考えられた産業では，その成長を保守的に(低めに)見積もり，企業の提携や合併に執着した。しかし旺盛なビジネス・マインドをもった経営者が，通産省(政府)とは反対に積極的な展望をもち，自ら新しい産業の担い手となって，産業の発展に寄与してきた事例が数多くみられる。第4節では，通産省が共同研究・開発を先導して成功したともいわれる，コンピュータ産業の産業政策について振り返る。そこでは，先端技術分野の育成にあたってとられた包括的な「国産化」の具体的戦略を分析するが，それら戦略が有効に働いた反面，通産省が企業を集約化しようとした思惑を乗り越えて，民間企業が自ら厳しい競争場裡で成功を収めた経過を考える。第5節では，産業の成長に対する通産省の保守的な予測に比し，民間の積極的な展望がどのようにして新たな参入を促したのか，という問題を参入阻止価格のモデルを用いて論じる。

5.2 戦後日本の産業政策——概観——

産業政策の定義は，未だ確立されたとはいえない。かつては，多少の皮肉を込めて，産業政策とは通産省が行う政策のことである，ともいわれた。伊藤・清野・奥野(藤原)・鈴村(1988)においては，産業政策を「一国の産業(部門)間の資源配分，または特定産業(部門)内の産業組織に介入することにより，その国の経済厚生に影響を与えようとする政策である」と定義している(p. 3)。この定義は，小宮・奥野・鈴村(1984)における「序章」でなされた定義と同様の内容である。つまり，産業政策を特定産業の保護や育成という経済発展戦略に限定せずに，市場の失敗に対する公共政策の観点からの対応を含み，経済厚生をより高めるという目的のもとになされる，広範な政府の直接的・間接的介入を指す。

伊藤他(1988)では，具体的な産業政策を以下のようにまとめている。

(1) 一国の産業構造に影響を与えようとする政策。すなわち，貿易・直接投資など海外諸国との取引に介入したり，補助金・税制などの金銭的誘因（pecuniary incentives）を使うことによって，発展産業を育成・保護したり，衰退産業からの資源の移転を調整・援助する政策。
(2) 技術開発や情報の不完全性などに伴う市場の失敗を是正する諸政策。すなわち，的確な情報を提供したり，補助金や税制による政策手段を用いることによりさまざまなかたちの市場の失敗を是正し，資源配分を望ましい方向に誘導する政策。
(3) 個別の産業組織に行政的に介入し，経済厚生を高めようとする政策。具体的には，不況カルテル・設備投資カルテルなどを通じて産業内の競争構造や資源配分に直接介入しようとする政策。
(4) 経済的な根拠というよりはむしろ，主として政治的要請に基づいてとられる政策。つまり，貿易摩擦などに対処するための，輸出自主規制や多国間協定などの政策(pp. 3-4)。

筆者もこれらの定義に基本的に同意するが，産業活動は特定地域の経済状況を大きく左右するから，資源の移動を誘導する公共政策も産業政策に含めて考えたいと思う。

誘導や介入により資源配分を特定の分野（産業）に集中したり移動させる，通産省のさまざまな産業政策の手段の発動が日本の産業の育成と経済発展に大きく寄与したのであろう，というのが大方の一致した見解である。とくに，戦後の復興過程および高度成長期には，幼稚産業の保護と育成，過当競争の排除，そして産業組織の近代化を目標に，通産省は多様な手段をとってきた。たとえば，「外国為替及び外国貿易管理法」（外為法）および「外資に関する法律」（外資法）により，輸入数量の割当や資本流出入を直接に統制すること，「復興金融公庫」から「日本開発銀行」へと改組した政策金融機関の活用による選別的な設備投資資金の供給，「日本輸出入銀行」による輸出産業助成，特定産業の税負担の軽減策，さらには「独占禁止法」の改訂による不況カルテルや合理化カルテルの形成などがあげられる。産業政策の発動には，これ

ら法的根拠をもつ政策と同時に、いわゆる「行政指導」が粘り強くとられてきたことはよく知られている[1]。この無限定的ともいえる手段の多様さが、通産省の産業政策の大きな特徴であろう。以下では、時期を区切って産業政策の特徴を説明したい。

(1) 復興期(1945年〜50年代半ば)

敗戦により、1945年の日本の鉱業および製造業は、41年当時の1/7まで生産能力が落ち込んだといわれる。占領軍は、財閥の解体と経済力の集中の排除、農地解放、労働の民主化という三大改革を遂行し、戦前の旧体制を破壊したのである。占領軍によるこれらの改革はその後の日本経済発展の枠組みを提供したことになる。

この期間においては、何といっても疲弊した日本経済の再建と自立が国民的課題であった。政府は、海外植民地を失った日本が工業の発展を通じて「国際競争力の強化」を押し進め「加工型貿易立国」を目指さなければならないことをスローガンとして掲げた。このスローガンは70年代前半まで国民に支持されたと考えられる。また当時の通産省の産業政策は、戦前の統制経済や計画経済を多分に意識したものであったということもたびたび指摘されている。この時期の産業政策としては「傾斜生産方式」が最も有名であるが、これは石炭の生産を増加するのに鉄鋼を炭坑に重点的に投入し、鉄鋼の生産を増加するのに石炭を鉄鋼産業に重点的に投入するという、循環的な方法による重点産業の生産増加を目論んだものである。

経済再建にとって基礎的とされた鉄鋼、発電、石炭、造船の各産業はさまざまに優遇されたが、とりわけ金融と原材料の輸入において、優先的な割当がなされた。これら産業の生産を拡大するために、資材の割当、価格統制に加えて復興金融公庫が設立され、価格差補給金制度が導入された。香西(1984)によれば、復興金融公庫の1947年度融資の30%が石炭産業向けであり、48年度一般会計の23.8%にも及んだ価格差補給金の「最大の受け手が鉄鋼業であった」(p. 31)という[2]。

50年代に入ると、政府は産業の近代化を計画し始める。産業の近代化は、

国際競争力の強化を目的としたもので，その手段として租税システム，国家資金の選別融資，原材料や設備を輸入するための外貨の割当を用いた。たとえば，生産設備の統廃合や合理化投資の促進には特別償却を許す租税特例措置および低利の財政投融資が適用され，重要機械については輸入関税が免除された。さらに，独占禁止法の改訂がなされ，株式持ち合いが可能になり，通産省主導のもとに不況カルテルや合理化カルテルが ad hoc に形成されることが，その後の産業政策の一般的パターンとなった。

ところで，敗戦当時の日本の人口は約 7100 万人で，農業部門を主とする第 1 次産業の就業者数は，全体のおよそ 50% であった。敗戦によって海外の植民地から帰国した人々と，解体された陸・海軍の軍人は総計 350 万人以上に及んだわけだから，深刻な失業問題が社会不安を増幅させたように思われるが，これらの人々の多くは一時的に第 1 次産業に吸収され，産業の復興を待つこととなった。戦時統制経済から自由になった国民の需要は旺盛で，生活物資を中心とした労働集約的な軽工業は急速にその生産を拡大した。50 年に勃発した朝鮮戦争による特需景気は，新たな生産設備投資の意欲をかき立て，わが国経済は急速に生産能力を回復した。その過程で失業問題が長期化しなかったことは，日本経済にとってまったくの幸運であったといえよう。経済企画庁の 1956 年度『経済白書』のタイトル，「もはや戦後ではない」は，当時の経済復興の段階を的確に表現したものであっただろう。

(2) 高度経済成長期(1950 年代半ば～60 年代)

復興期の産業政策は，国民生活の飢餓的状況を背景に，ほとんど何でもあり，の多様な手段が適用された。復興金融公庫や価格差補給金に支えられた傾斜生産方式も国内炭の高価格を生むなど，急激なインフレを招きマイナスの結果をもたらした。そこにはマクロ経済政策との整合性などはもとより，産業構造全般に関わる「計画」があったとはいえないだろう。高度経済成長期にも合理化政策は依然として継続され，その一方で「国際競争力の強化」のスローガンのもと，他の先進国にあってわが国に未発達な，新規産業の育成と振興政策，輸出型産業育成のための競争条件の調整などに広い範囲の法

的整備が施され，法律に基づかない介入もなされるようになり，今日いうところの産業政策の手法が，この時期に確立されたといわれている。この時期には，石炭から石油へとエネルギーの転換が行われ，わが国にとってはまったく新たな産業であった合成繊維産業・石油化学工業が育成振興策の対象となった。これらの産業においては多額の設備投資資金が必要とされ，主として大企業が中心的役割を担った。政府の振興策は大企業を優遇したもので，さらなる設備増強のために企業の集約化・過当競争の排除が図られた。これら振興策の対象となった産業は，

① 「所得弾力性基準」，
および
② 時間を通じての技術進歩が見込まれる「動学的規模の経済性基準(長期的な比較生産性基準)」，

の2つの基準によって選定された，といわれる[3]。当時の日本にとっては，合成繊維や石油化学は新しい産業で，いわば幼稚産業である一方，生産設備の規模の経済性が発揮される産業でもある。国内企業に一定規模の市場を用意してやらねばならないという保護と，外国からの技術と設備の早期導入が求められた。資本集約的な重化学工業部門の育成にあたって，1953年に「合成繊維育成5カ年計画」，55年に「石油化学工業の育成対策」が制定され，政府系金融機関からの優先的融資，設備の短期償却制度の適用，輸入税の減税，輸出所得控除など，「傾斜金融」，「傾斜減税」が適用された(鶴田(1982))。

とくに石油化学工業の育成には，通産省が産業構造に直接介入する場合の，産業政策の典型的な考え方がみられる。上記石油化学工業の育成対策は，3つの目的を有していた。すなわち，①合成樹脂および合成繊維の原料の確保，②エチレン系生産物の国産化を通じた輸入代替の促進，および③主要化学原材料の低価格化を通じた国際競争力の強化，である。

当時の日本では，石油化学工業の主要技術のほとんどを他の先進国に依存

しなければならず，技術および生産設備導入のために必要な，多額の外資の確保に困難を来すことが予想された。また，合成繊維の将来における需要についての不確実性に考慮しなければならないはずなのに，通産省の見通しは強気で最低の生産設備の規模が大き目に見積もられ，民間企業がいっそう多額の投資を決心しなければならない要因ともなった。

「育成対策」の第1期計画(1955-58年)では，通産省は4カ所の石油化学センター，すなわち，山口県岩国の三井石油化学，愛媛県新居浜の住友化学，神奈川県川崎の日本石油化学，三重県四日市の三菱油化の建設を認可し，4社は59年末までに稼動を始めた。次いで同年末の第2期計画(1959-64年)では，石油関連生産物の増加を企図して第1期計画の生産設備を拡充し，さらに新たな5工場の建設を認可して，石油化学生産物の総合化を図った。これら供給体制の整備を支えるために，57年の税制改革で重要物産免税措置が，石油化学製品などの新規産業の生産物に限定されるように改訂された。石油化学関連企業に対するこの優遇した取り扱いが，既存企業に対しては，財務的に大きな役割を果たしたといわれている。また通産省は，石油化学製品の原料を供給する石油精製業に対しても外貨の割当を行ったが，それはナフサの供給比率に応じたものであった。この「量」による割当方式は，石油精製業の競争を激しいものにし，結果として，化学工業の原料価格の低下をもたらすものであった。

石油化学工業の第2期計画は，企業に対していっそう規模の経済を求めるものになった。新規製造設備の認可規模は大幅に引き上げられたが，これは，新規参入を阻止する要因となり，先発企業の利潤を保護することにもなった。通産省は，上記の免税措置や外貨の割当制度を用いて，製造設備の規模や着工時期などを行政指導してきた。しかし，通産省が絶大な権力をもって新規参入を阻止できたかというと，そうではない。規模の利益を追求し国際競争力を強化するために，そして国内においては「過当競争の防止」のために，「官民協調主義」を守ろうとする通産省のスタンスが，民間によって支持されたのはごく短い期間に過ぎなかったようである。石油化学工業計画の第3期(1964/65年)以降，通産省と既存企業(先発企業)の意図に反して新規参入

企業が相次いだだけでなく，先発各社においても新増設が相次いだ。そのため，先発4社で独占していたエチレンの生産は，60年代を通じてその集中度が激減し，72年には，上位5社の生産集中度は半分以下まで低下した(鶴田(1982)，第6章)。

　国際的な競争条件のもとで意思決定をする企業の積極的行動が，通産省の考える業界の殻を破ってしまったのである。石油関連産業においては技術革新が相次ぎ，急激な需要増加もあり，通産省が考えたほど参入障壁は高いものとはならなかった。参入規制的な通産省の政策は既存企業に超過利潤を期待させるものであったが，それは供給制限的な政策であり，強気の見通しをもった民間企業人の事業意欲を抑えることにはならず，かえって新規参入を誘引した，ともいえる。その具体的な事例が，石油精製業で生じた。石油業法に基づいて，通産省の行政指導による生産量の「自主調整」を行っていた石油連盟で，63年，割当生産量に不満をもった出光石油が独自に原油処理を行って連盟を脱会した。通産省は出光の説得に失敗し，結局石油連盟は，出光の増枠要求を盛り込んだ調整案を提示することになったのである。また，政府と密接な関係を堅持していた鉄鋼産業でも，当時の業界や通産省の需要予測を大幅に上回る計画に立った，川崎製鉄の新鋭製鉄所が周囲の反対を押し切って建設され，そして成功を収めたことも周知のことである。これらは，通産省の産業政策の性質と限界を考える上で興味のある事例であろう。

　通産省は，典型的な装置産業である石油化学工業の育成の他に，自動車，重電機，機械など加工組立産業を含む近代産業の保護と育成をも計画した。自動車や機械は裾野の広い組立産業であり，競争力の高い商品の生産には，部品を供給する企業の技術力を高めることが必要となる。そのため，56年には親企業と下請け中小企業との「分業」を前提に，技術水準の向上を目指した「機械工業振興臨時措置法」が，57年には「電子工業振興臨時措置法」が制定された。通産省は，自動車を含む多くの近代産業を「幼稚産業」として保護すべきものと考えた。しかし，政府のすべてのメンバーが，広範囲にわたる各産業を保護することに同意していたわけではない。当時の日本銀行が，自由貿易主義・比較優位説の見地から，わが国の自動車産業の育成に反

対したことは今に伝わっている。

　加工組立産業のなかでも自動車産業は，裾野の広い投入・産出関係をもち，雇用吸収力が大きい。政府は，52年に自動車産業の保護を決定したが，それは，

(1)　外国人による投資を制限し，関税障壁，数量割当，自動車税の差別的適用などで輸入車から国内市場を保護する，
(2)　先進国からの技術導入を優先的に割り当てる，
(3)　日本開発銀行を中心とした低利融資や金融の優遇，

を内容としていた[4]。また，(超)小型乗用車を輸出産業として育成しようと，55年には排気量350～500 cc の「国民車構想」を発表し，生産を1社に集中させ，量産効果による国際競争力を獲得しようとした。次いで，わが国の自動車産業の国際競争力に大きな不安をもっていた通産省は，量産効果を達成するために，自動車企業を車種別の2,3グループに「集約化」することを企図した。しかし先発の自動車メーカーは，車種の多様化により製品差別化を図り，ダイハツ，東洋工業，三菱自工などの後発メーカーが軽乗用車部門に新規参入し，二輪車メーカーの「ホンダ」が62年スポーツカーで，次いで67年軽乗用車 N360 をもって新たに参入し，この「行政指導」は失敗した。

　一般的にこの時期の通産省は，資本集約的大規模設備を有する産業を「基幹産業」とし，育成を図ったが，保護政策は産業全般に広く及んだ。通産省は，貿易と資本の自由化に激しく抵抗した。わが国は，1952年に IMF に，55年には GATT に加盟し自由化を迫られていたが，63年には自由化品目が90%を超え IMF 8条国に移行した。60年代には日本経済を開放経済体制とし，貿易と資本の自由化を遂行し産業組織を再編成しなければならなくなっていた。しかし通産省は，わが国の産業の国際競争力は脆弱であるとし，また，外国人投資家による企業買収には強く反対してきた。それゆえ，量産によるコスト低減を図り，国際競争力を強化するために，国内における過当

競争を避けようとする姿勢を保った。それは産業界においても同様であった。

　ただし急いで付け加えておかなければならないが，通産省は市場競争に反対していたというのではなく，「秩序ある競争」を維持しようとしたのである。この秩序ある競争の考え方は，「有効競争論」として提示され，産業のカルテル状態を容認して，その範囲内で競争させるものであった。上記の自動車産業の「集約化構想」にも，それが反映している。通産省のいう秩序ある競争体制づくりは，生産規模，資本力の面で外国資本に互してゆけるだけの企業規模が不可欠の要因であり，三菱3重工(現三菱重工)，川崎系3社(現川崎重工業)，富士製鉄と八幡製鉄(現新日本製鐵)，東洋高圧工業と三井化学工業(新社名三井東圧化学，現在はさらに合併を重ね三井化学工業となっている)などの合併や多くの業務提携が，「産業再編成」のかけ声のもとで推進された。

　貿易と資本の自由化が要請されるなか，通産省産業構造調査会は，63年の答申で「新産業体制論」を提示した。新産業体制論では，当時の日本企業の状態が，「生産規模，経営規模のいずれの面でも過小であり，戦後の技術革新を取り入れた大型化の時代にふさわしくな」く，多数の小規模企業が「価格，製品改良，設備投資，技術開発等の面で過当競争を演じつつあり，放置すれば稼働率の低下や採算の悪化が避け難いばかりか，外国企業との競争力の養成は覚束ない」(岩崎(1984)，p. 432)と認識された。だから過当競争を避けるために，企業間の合同や共同行為を促進し，規模の利益を追求して国際競争力をつける必要がある，とされた。

　このような認識に立って通産省は，「官民協調主義」による産業調整を主張し，「特定産業振興臨時措置法案」(特振法)を立案し，国会に上程するに至ったが，民間企業の反対にあって廃案となったことはよく知られている。それは，民間が通産省の統制的な産業政策を嫌ったためであるといわれる。その反面，民間業界は通産省(政府)との密接な関係を絶つことはなく，石油業法による統制や，行政指導による設備調整を受け容れた石油業，鉄鋼業，繊維業，造船業などがあることも指摘できる。

　この期間の基幹産業においては，先を争って先進国から技術導入したこと

にとどまらず，自ら改良を重ねて効率的生産方法を実現した事例が数多くみられた(鶴田(1982), 小宮他(1984))。その一方で，新たな企業が生まれ，加工組立関連の産業において中小企業が成長した。国民所得の上昇は，1億人に及ぶ人口と相俟って強大な国内市場を形成して，量産効果を可能にし，輸出にもプラスに貢献した。わが国の産業が輸入代替から輸出型へと転換するプロセスで，国内市場の大きさはかなり重要な要因であったという見解は，Shinohara(1982)でも主張されている。終戦後から74年の石油ショック不況まで，深刻な不況に陥らなかった要因として，海外市場に対して国内市場が補完的な役割を担ったことが指摘できよう。輸出型産業としての育成を目指した資本集約的産業の発展は，往々にして労働力の過剰を生み失業をもたらすが，わが国では労働集約的加工組立産業の発展があり，余剰労働力を吸収して，失業問題は発生しなかった。通産省は消費関連産業や新素材，革新的機械産業の育成には興味をもたなかったといってよい。発展した消費関連商品には耐久財も含まれ，ミシン，カメラ，ファスナー，オートバイ，トランジスターラジオ，テレビ，時計，音響機器，磁気テープ，テープレコーダ，電子計算機，セラミックス，ロボット，通信機器・設備などである。これらの商品を生み出す企業・産業は，次の期の新たなリーディング企業・産業となるのである。

(3) 安定成長への移行期(1970年代前半から)

1960年代からわが国の国際収支は改善し，世界経済における地位が上昇し，多くの産業で先進国に追いつくことができた。同時に，深刻な環境問題が認識されるようにもなった。71年8月のニクソン・ショックの後，「円」は同年末1ドル308円に切り上げられ，さらに73年には変動相場制へ移行した。次いで73年秋には第1次石油ショックが起こり，通産省の産業政策は大きく変更されざるをえなくなった。国際経済におけるわが国の役割に対して各種の要請が強まり，従来のような保護的で制限的な姿勢を変えざるをえなくなったのである。

通産省は，それまでの経済成長追求から経済成長活用型へ，過度の政策介

入を排し市場機構の活用へ，重化学工業から知識集約的産業を中心とした産業構造への移行へと，産業政策の目的を変えた．これら産業政策運営の新たな方針は，『70年代の通商産業政策』(71年)，『産業構造の長期ビジョン』(74年)，『80年代の通商産業政策ビジョン』(80年)，さらに『80年代の産業構造の展望と課題』(81年)，として発表された．71年の新たな「政策」では，

(1) 研究開発集約的な産業(コンピュータ，航空機，産業用ロボット，原子力関連産業，大規模集積回路，ファイン・ケミカル，海洋開発など)，
(2) 高度加工産業(事務情報機器，数値制御旋盤(NC旋盤)，汚染防止機械，高品質印刷，自動倉庫，教育機器など)，
(3) ファッション産業(高品質衣料および家具，音響機器など)，
(4) 知識産業(情報マネージメント・サービス，情報提供サービス，教育関連のビデオ，ソフトウエア，システム・エンジニアリングなど)，

を重点産業としている．

　この時期，安定成長のもとで社会的満足を高めるために，産業政策は多様化することが求められたのである．ただし，通産省がこれら新産業の育成にどの程度介入しようとしたかは明らかではないが，これら新産業を従来の手法で育成しようとしたのではないことは確かである．なかでも，60年代から70年代において，わが国のコンピュータ産業を「巨人」IBMと対抗できる水準に育て上げるためにとられた種々の方策は，非常に興味深いものがある(後述)．

　70年代は賃金の上昇，エネルギー・コストの高騰，円の切り上げに見まわれ，雑貨，繊維および紡織・造船・非鉄金属産業などで，それまでの比較優位の条件が消えた．新産業の育成とは異なり，これら従来からの産業を保護する必要が生じ，設備投資および生産調整の「仲介者」あるいは「調停者」としての通産省の役割が要請された．とくに鉄鋼を含む重化学工業は国際市況が悪化し，生産物価格水準を保つための生産調整や設備投資調整を必要とし，産業界は通産省にその調整役を期待したように思われる．経済環境

の変化に対応した産業調整は，特定地域の雇用や関連産業における広範な資源再配分を要請する。そのため，産業調整政策の手段は通産省の枠を越えた広範なものに及ぶ。

78年の「特定不況産業安定臨時措置法」(以下，「特安法」と略称)は，電炉・アルミ精錬業・造船業・合成繊維・綿および化紡績業・段ボール厚紙製造業などを対象とし，過剰設備の共同処理，そのための資金的手当，地域の雇用対策など多様な政策手段を併用したものである。では，産業界はこれらの調整過程で通産省主導を無条件に受容したかというと，そうではない。通産省の権威に頼るというのではなく，ライバル企業間の疑心暗鬼の排除や合理化カルテル形成の合法化など，利用すべき範囲内で調停者としての通産省の役割を利用したというのが実態ではないだろうか。通産省も，産業調整に不参加の企業に罰則を設けるなどの直接的介入を避け，業界からの要請によることを前提とした利益誘導的なものとして政策手段を運用してきたように理解すべきではないか[5]。

5.3 産業政策の性格

上述したように，1970年代までの通産省の産業政策は，基本的に育成的であると同時に保護色の強いものであり，国際競争力の強化のかけ声のもとに，国内では統合や新規参入の抑制，国際的には自由化に抵抗する場合が多かった。戦後の復興期における産業政策は，戦前の統制経済や計画経済の発想を残したものが多く，傾斜生産方式はその代表例であろう。通産省は，外資などの希少資源を，特定の産業育成に重点的に振り向けるという選別的な方法をとった。産業界は業容を発展させる際に通産省の優遇的措置を希望したが，鉄鋼，化学，石油精製，非鉄金属など政府と密接な関係を保っていた分野でも，通産省の投資抑制的な指導がそのまま思惑通りに受け容れられるところとはならなかった。民間は通産省の直接的介入を嫌い，「官民協調方式」は支持されるところとはならなかった。

通産省が育成すべきだとした産業の選択は，新古典派的な資源配分理論で

はなく，①所得弾力性基準，および②動学的規模の経済性基準（長期的な比較生産性基準）の2つの基準に依ったといわれる。工業化による経済発展を目指した段階での育成すべき産業は，重化学工業であったが，さらに資本集約的産業全般，加工組立型産業とそれを支える中小機械工業へと，育成対象は広く及んだ。また，通産省がとった手段はまことに多様なものである。Shinohara(1982)は，それら産業政策の手段を以下のようにまとめている(p.27)。すなわち，

特別税制。
政府系金融機関による低利融資。
関税および非関税障壁による輸入制限。
設備投資の調整。
規模の経済性の追求と製品の改良。
合併および生産調整による効率化。
貿易および資本の自由化を遅らせること。
他の行政指導。

　このような政策や行政介入により，通産省が求めたものは，日本経済の(主として工業生産物の)「国際競争力」の強化である。これらの政策および産業への介入手段は，他の後発国のとる一般的な政策手段と比較して，果たして「ユニークな」ものであるだろうか。また，政策対象とされた特定の業種は，通産省がしっかりした将来展望をもとに選別したものであったであろうか。
　筆者は，上記の政策手段が決して日本だけで行われた特殊なものとは思わないし，通産省が先見性をもって，民間の資源配分を誘導したとも思えない。敗戦後，経済的成功によってでしか自らの立場を国際的に主張できなくなった民間の産業人が，旧体制から解き放たれた自由な環境のもとで発揮したバイタリティは，官僚主導・政府の直接的介入を許すものではなかった。「要するに多くの日本人が日本にもぜひ欲しいと思った産業を，産業政策当局は

保護育成してきたので」(小宮(1984), p.9)あろうゆえに, 官と民との協調のイメージが実態以上に強く広がったのではないだろうか。

しかし, 何らかの法律に基づかなくとも「行政指導」が効力を発揮する, 日本独特の風土や行政の介入があることも否定できないから, 多くの研究者, とくに外国の研究者が評価する(?), 政府と産業の密接な協力関係が認められなければならないだろう。法的根拠がない行政指導でも, 民間がそれに従う, あるいは従わなければならないのは, 長期的観点からの利益が期待できるからであろうか。Cowling(1990)は, 行政指導を含む通産省の政策は,「疑いもなく日本企業の長期的視野に立った経営, (乗っ取り等の)脅威に煩わされることのない経営, さらに, 日本の金融システムの長期的性格に支えられて」きたものである, と述べている(p.17)。

上記の政策手段や行政指導は, 決して強権的なものではなく, むしろ「誘導的」な手段である。通産省の誘導的な政策が効果を発揮したということは, それらの政策や介入が, 大筋において日本の経済風土に合致したものであったからだ, といえるであろう。小宮(1984)は, 通産省の産業政策の立案・実行のプロセスで見逃せないものとして,「原局」とそのなかにある「課」が各産業に対応しており,「業界団体」等と普段から密接な情報のやりとりが重ねられていることをあげている。しかしこの密接な関係も, 過大評価することは慎まなければならない。先述したごとく, 川崎製鉄の新鋭工場の建設, 出光石油の石油精製割当に対する不参加, ホンダの四輪自動車への新規参入など, 旺盛な企業家精神をもった「横紙破り」を調整することはできなかったのである。セラミックスなどの新素材分野や機械産業の中小企業が, 技術開発力を武器に急速に発展したことも, 通産省の予測を大きく超えたことではないだろうか。

復興期に主要な地位を占めた「糸へん・金へん産業」は, 重電機・自動車・家庭電器・通信機器を含む電子工業にリーディング産業としての地位を明け渡し, 集中度や企業業績等のデータからみても, 産業および企業の盛衰がハッキリとみられる。個々の企業においても, 多様化を通じて新しい商品の開発と市場開拓に励んできたことは周知であるし, 第3章および第4章で

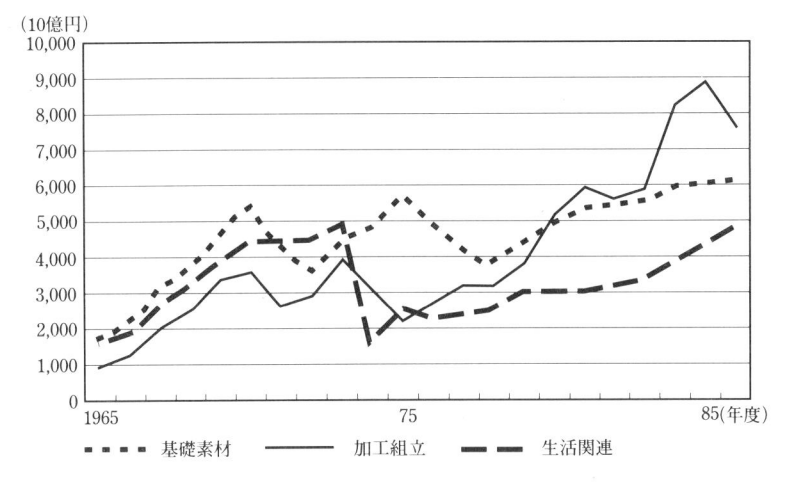

図 5-1　製造業タイプ別新設投資額

注）『民間企業資本ストック　昭和40〜63年度』経済企画庁経済研究所国民所得部（1990年）より作成。数値は進捗ベースで，1980年度の平均価格で評価している。

　それらの推移をみたとおりである。戦後のわが国の産業は短期間にその構造的調整を実現してきた。とくに製造業においてみられる最も大きな特長が，企業のこの柔軟な調整力ではないだろうか。外部環境の変化が最も端的なかたちであらわれ，わが国製造業がそれに対して柔軟な調整力をみせたのが，変動相場制への移行期と第1次石油ショックの後であろう。70年代前半から半ばに集中したこの変化にあって，わが国製造業は素早く柔軟に対応し，失業問題を深刻化させることはなかった。この対応力は，79年に始まった第2次石油ショックに対しても発揮され，他の先進国とは際立った対照を示していたように思われる。

　ところで，産業の調整は設備投資を通じて行われる。そこで図5-1には，鉱業・製造業を基礎素材産業，加工組立産業，そして生活関連産業の3つに分類し，ニクソン・ショック，2度の石油ショックを含むおよそ20年間の新設投資額の推移が示されている。円高，エネルギー・コストの急上昇，戦後初のマイナス成長(1974年度)に遭ってもエレクトロニクス化を進め，一

般機械，電気機械，輸送用機械，および精密機械といった加工組立産業のウエイトが急速に大きくなってきたことがわかる。企業・産業レベルのこれらの柔軟な調整に，政府の産業政策はどれほど貢献することができたであろうか，疑問とするところである。産業政策の積極的な貢献があって，民間がこれらの投資を通じた調整を遂行できたというわけではないだろう[6]。

　先述したように，通産省は，70年代の初頭から産業構造の長期ビジョンを示し，先端技術分野を中心とした「創造的技術集約型産業構造」を提示したが，産業政策のウエイトはむしろ，工業再配置，中小企業対策，公害対策，長期不況産業の産業調整政策などにおかれるようになった。自由世界第2位の経済大国となったわが国は，産業の高付加価値化へ向けて衰退産業からの資源移動をスムーズに図ることが重要となり，大規模であからさまな産業の保護・育成政策の発動は困難となっていたのである。このことは，次章で改めて論じる。

5.4　国産コンピュータの育成政策

　ところで，わが国は「世界の巨人」IBM が圧倒的技術水準を誇ったコンピュータ産業で決定的に立ち遅れており，国内企業の技術開発力の発展は焦眉の急であった。コンピュータ産業に対する政策手段は，その後の先端技術分野育成の基本的な方向を形成したもので，ここで少しこの問題についてみておこう[7]。

　わが国における民間企業のコンピュータ事業は，東芝が1950年，富士通が52年，NEC が55年，日立が56年に開発に着手したといわれる。54年に富士通の FACOM 100，58年に NEC の NEAC 2201 が，さらに59年には日立の HITAC 101，東芝の TOSBAC 2100 が完成をみた。これに先立って，50年代初期に東芝は東京大学と共同で真空管モデルの開発を行い，東大・電電公社電気通信研究所・国際電電が国産1号機を，また，通産省工業技術院電気試験所がトランジスタを用いたコンピュータを55年に開発している[8]。これら政府系研究機関は，開発した技術を民間企業に公開し，技術

移転が行われた。アメリカ製コンピュータの輸入開始に対して，通産省は「電子工業振興臨時措置法」(電振法)を57年に制定し，重工業局内部に電子工業課を新設し，電子工業審議会も設置した。メーカー側もこれに呼応するかたちで58年に「日本電子工業振興協会」を結成し，「政策を遂行する上での官民の協力体制が整備されていった」(米倉・島本(1998)，p. 354)。

通産省の育成政策は，

(1) 民間企業の金融に対する低利融資，
(2) 技術開発のための共同化と補助金，
(3) 官公需および教育機関を中心とした国内市場の確保，
(4) 外資，とくにIBMに対する規制，

が中心であった。

(1)については，61年に設立されたJECC(日本電子計算機株式会社)に対する開銀融資が有名である。当時のコンピュータ販売は，IBMのレンタル方式が主流であったが，レンタル方式ではメーカーの資金回収が遅れる。そのため，通産省の指導のもと，メーカー7社が共同で販売会社(レンタル代行会社)JECCを設立し，これに対して開銀が低利融資を行い，メーカーの資金回収リスクを軽減したのである。この融資は82年度まで続き，総額5235億円にのぼる。開銀融資をはじめ，資金運用部資金を利用したメーカーへの低利融資は，ソフトウエア開発を含み多種多様であるが，JECCを除けば100億円未満のものが多く，それほど巨額なものではない。

(2)については，62年に「鉱工業技術研究組合法」に基づいて電子計算機技術研究組合が設立され，工業技術院とメーカー3社が大型電子計算機の開発で共同するプロジェクト「FONTAC」に補助金が与えられた。このFONTACプロジェクトは，「その後の官民一体となった共同プロジェクトの原型をなすものと」(新庄(1984)，p. 307)いわれる。高度な技術開発には相応のリスクが伴い，メーカーの資金負担も相当なものであるから，共同開発と補助金とを組み合わせて，民間の負担を軽減すると共に技術移転を速や

かにし，生産と販売は各メーカーの自主性に委ねるという方式である。

この方式は,「パターン情報処理システムの開発」,「電子計算機新機種開発」,「超LSI開発」,「次世代電子計算機基本技術開発」等，技術の発展段階に応じて数多くのプロジェクトで用いられた。とくに，76年に第4世代コンピュータに必要な集積回路の開発を目標として創立された，超LSI開発プロジェクト(4年間の総事業費720億円，うち補助金291億円)は，1000件以上の特許を得，成功事例とされる。これらプロジェクトでは，メーカーを「グループ化」することが再三行われた。当時の国内各企業は資金量，人材などあらゆる面でIBMに比して格段に見劣りするものであり，これらを2ないし3のグループに集約化し規模の経済性を図る考えが根強くあったように思われる。通産省のこのような考えはしかし，民間各メーカーが激しく拒否するものであり，通産省の育成政策は直接介入するだけの力をもてず，限定的な役割を果たしたといえるのではないか。基本的には，今日のわが国電子工業の高い水準は，厳しい競争条件があってこそ生み出されたものではないだろうか。

(3)の市場の確保についてはどうであろうか。わが国コンピュータの技術水準が高まるのに伴い，60年代後半には国産機が外国機に比して納入実績で優位に転換したといわれる(新庄(1984)，p. 301)。外国勢トップのIBMのシェアは，システム360の出荷ピーク時の71年に33％にのぼったが，その後，低下から横這いで推移している。

71年には，コンピュータの自由化計画が発表され，76年4月にはすべてのコンピュータ関連の貿易と資本の自由化が完了した。その後も外国機のシェアの増加がみられなかった要因としては，国産機の水準が上昇したこともあろうが，政府が国内市場において国産機をさまざまな手段により保護してきたことも大きく貢献していると思われる。その手段の1つは官公需要を国産機に傾斜させることであり，もう1つはユーザーに対する国産機採用の奨励策である。新庄(1984)によれば，72年9月，政府はそれまでの国産品の使用を奨励する閣議決定を廃止したが，電子計算機についてはこれまでどおりとした。78年に政府調達に関する運用の改善を閣議決定し，続いて80年

の東京-ウルグアイラウンドで，一定金額以上の政府調達は内外無差別な待遇を与える協定が結ばれた。しかしそのような自由化にもかかわらず，官公需市場でのシェアに目立った変化はあらわれなかった(p. 302，注 12)[9]。

民間のユーザーに対しては，70 年に「電子計算機の特別償却制度」が設けられ，71 年に「電子計算機の固定資産税の軽減」措置がとられた。78 年に創設された「重要複合機械装置特別償却制度」でも，電算機がその対象に加わり，中小企業の産業転換を促進する「産業転換投資促進制度」(79 年)でも同様であった。コンピュータ導入に対するこれら租税上の優遇は，「買い取り」によりコンピュータを導入する場合に適用されるもので，IBM のレンタル方式に対抗するものだった。

最後に，(4)外資，とくに IBM に対する規制，について述べておこう。60 年当時，わが国は未だ貿易は自由化されておらず，「外資法」の規制のもとに外貨送金をコントロールできた。59 年に発表された IBM 1404 機の人気は高く，61 年になると日本への輸入申請が通産省に殺到した。通産省は，ユーザーからの輸入申請をあえて無視し，輸入を遅らせ，輸入の認可と引き替えに IBM が保有する基本特許の公開を迫った。IBM の基本特許の公開は，国内メーカーが強く要望するところであったからである。

結局，通産省は IBM に海外送金の認可を与えたのであるが，日本国内での生産を要請した IBM に対して，生産開始時期を 61 年から 2 年間遅らせて認可することとし，それと引き替えに基本特許を公開させた。国内メーカーは，この基本特許を取得する一方で海外メーカーからの技術導入を急ぐことになったのである(米倉・島本(1998))。国内メーカーが取得を望む基本特許の公開と，IBM の国内生産開始時期を遅らせて国内メーカーに若干の猶予期間を与えることができた通産省の交渉が，その後のわが国コンピュータ産業発展の大きな要因であったことは否定できないといわれる。

このようにわが国コンピュータ産業の育成にあたって，保護政策も含めて通産省のとった手段は，他の省庁を巻き込んだ包括的なものである。その手段は，メーカーだけでなくユーザーにも及び，法令によらない行政指導も発揮された。政府系研究機関とメーカーが共同で研究開発を行うプロジェクト

に補助金を出す，という方式も確立された。しかし，メーカーをグループ化しようとした通産省の思惑は，国内メーカーの強い反対にあって実現しなかった。国内電算機メーカーは，すでに重電機・家庭電器・通信機器の分野を包含する総合電機メーカーであり，周辺機器開発の技術力と割引低価格戦略を遂行する財務力があった。それゆえ，各メーカーは通産省の用意した枠組みを超えて厳しく競争するところとなり，その結果として，今日の地歩を占めるに至ったのである。通産省の産業政策と手段は，これら民間企業のバイタリティを「計画」の枠に押し込めることはできなかった。さらに国民経済の観点から，コンピュータ産業育成のために投入された補助金と低利の金融を考慮に入れれば，一連の産業政策を単純な成功譚とすることはできない[10]。

5.5 産業政策と新規参入

上にみてきたように，戦後復興期から高度成長期における通産省の産業政策のスローガンは「産業の近代化」・「国際競争力の強化」であった。このスローガンは，日本がIMF8条国に移行し，戦後最長のいざなぎ景気を経て経済大国へと変身してからも捨てられることはなかった。育成すべき産業が重化学工業から，自動車や機械の加工組立産業，さらには技術集約的なコンピュータ関連産業へと移ったが，それらの産業に対してとられた手段は，一般的な保護政策，税制や金融の優遇，さらには補助金の投入や共同研究の組織化であった。

これら政策手段を発動する過程で，当該産業内企業の「集約化」が試みられ，新規参入は支持されなかった。通産省は，先行する企業においても，規模の過小性からくる「過当競争」を懸念し，外国資本に対抗できるよう，規模の経済性を実現するためのグループ化を目指した。しかしほとんどの産業で，通産省の直接的介入は歓迎されず，既存企業をグループ化するどころか，旺盛な企業家精神による新規参入を阻止することはできなかった。むしろ，政府の保守的・制限的な産業政策に反して新規参入した企業が，新しい産業

のリーダーとなっている。通産省の保守的で競争制限的政策が産業界の強い支持を得られなかった大きな理由は，通産省の計画した枠を超えて日本経済が急速に発展し，技術進歩は通産省の予測をはるかに超えたものであったからである。

規模の経済性の実現を目指した通産省の保守的な計画・産業政策は，生産調整や設備投資の抑制となる。これは，規模の経済性のある産業において短期的利潤最大化をもたらす価格ではなく，長期的な利潤の確保を目的に，生産量の調整による「参入阻止価格」を設定する行動と同一である。しかし，新規に参入したい企業の側からみれば，通産省や既存企業の「予測」に基づいた生産計画が保守的で過少なものである，また，参入企業の技術開発力からみて，相対的に低い平均費用で参入できる，さらには，すでにもっている販売チャネルやグッドウィルによって需要を確保することができる，などの要因があることにより，「強気」の予測をもって参入することになるであろう。本節では，通産省や既存企業の予測が保守的であるのに対して，潜在的競争企業が以上のような強気の予測に基づいて参入する場合の産業の均衡を論じる。

(1) 静学モデル

静学的なフレームワークで参入阻止価格 p_0 は，以下のようにあらわせられる。

$$p_0 = p_c\left(1+\frac{\bar{x}}{\eta X_0}\right) \tag{5-1}$$

Modigliani によって定式化されたこのモデルを以下では SBM モデルと呼ぼう[11]。ここで p_c は競争的な場合の価格水準，X_0 は p_c のもとでの産業全体の市場規模(需要量)，$\bar{x}$ は新規参入企業にとって規模の経済性が発揮できる「最小最適規模(生産量)」，η は産業についての需要の価格弾力性である。SBM モデルにおける参入者は，参入後にも既存企業がその価格を不変に保つと予想する。参入企業にとっては，参入した後に赤字にならない価格水準を維持できるだけの生産量での操業ができなければ，参入のメリット

はない。既存企業の側からみると，短期的な利潤最大化を求めて高価格を設定し，参入を許して価格競争に至るよりも，現行価格水準を低めに抑えて価格競争を避け，「秩序ある競争」の枠内で長期的な超過利潤の確保をねらうことが得策である。そのため，参入企業が規模の経済性により，平均費用が最小となる需要量しか確保できないように現行価格水準を保つことで，参入企業の利潤をゼロ以下に抑えることができ，参入を阻止できる。

この参入阻止価格水準(p_0)は，需要の価格弾力性(η)が小さいほど，また，最小最適規模と市場規模の比率($\bar{x}/X_0$)が大きいほど，高くなる。とくに$\bar{x}/X_0$の比率が大きいということは，新規参入企業にとって，規模の経済性を生かせる余地が少ないということである。しかし参入企業にとっては，当該市場の「将来性(成長性)」こそが最大の関心事であろう。通産省の保守的な(弱気の)予測とは異なり，参入企業が市場の成長率をgと予想し，さらに許容可能な価格低下による需要の増加をΔQと予想したとすれば，彼にとっての最小最適規模($\bar{x}'$)は，

$$\bar{x}' = \Delta Q + gX_0 \tag{5-2}$$

である。通産省の指導により，既存企業が生産調整に応じて生産量を維持して参入阻止価格水準を保とうとしても，参入企業がgの市場成長率を予想すれば，新たな参入阻止価格水準(p_0')は，

$$p_0' = p_c\left(1 + \frac{\bar{x} - gX_0}{\eta X_0}\right) \tag{5-3}$$

へと低下するだろう。もちろん，通産省や既存企業の市場成長率の予測がゼロというのは不自然な仮定であり，彼らの予測成長率がg_0であるとしよう。このとき(5-3)式は，

$$p_0' = p_c\left[1 + \frac{\bar{x} - (g - g_0)X_0}{\eta X_0}\right] \tag{5-4}$$

と修正される。また，新規参入企業がすでに他分野で確立したグッドウィルや流通経路を利用でき，既存企業の顧客を一定割合奪うことができるケースがある。この割合をaとすれば($0 < a < 1$)，たとえ成長が見込めない市場で

も，

$$p_0' = p_c\left(1 + \frac{\bar{x} - \alpha X_0}{\eta X_0}\right)$$
$$= p_c\left[\left(1 - \frac{\alpha}{\eta}\right) + \frac{\bar{x}}{\eta X_0}\right] \tag{5-5}$$

のように，参入阻止価格は低下して参入阻止は困難となる。

多くの新しい産業で，通産省は低めの成長率を予測したことにより，既存企業のグループ化を模索し新規参入に反対してきた。しかし，旺盛な事業欲をもった経営者は，より高い成長率を予測し，参入を果たしたのであるから，$g > g_0$ であり，他産業からの「資本の流入」や企業集団としての新規参入の場合も多くみられ，参入を阻止することが困難であったのである。このような解釈に立てば，すでに優遇措置を受けた既存企業でも，通産省の生産調整を目的とした介入やグループ化に強く反対した局面が数多くみられたことが理解できるだろう。

(2) 動学モデル

参入阻止価格水準の決定要因を明示的に示したSBMモデルは，長期的で安定した超過利潤の確保を目的とする寡占企業の「価格戦略」を説明するものである。ここでは，寡占企業の長期的価格戦略をより一般的に定式化し，参入障壁がどのように市場均衡に影響を与えるかを分析する。

この問題を最適化問題として定式化したものにGaskins(1971)やKamien and Schwartz(1971)がある。同質的生産物を産出する寡占産業で，代表的企業(ドミナント企業)の長期的価格の最適戦略が，どのような産業均衡をもたらすかを考える[12]。t 期の価格を $p(t)$，平均価格を c，この代表的企業の需要関数を $x(p(t))$ とする（x は需要量）。r を割引率として，現在から将来にかけての利潤の現在価値は，

$$V = \int_0^\infty (p(t) - c)x(p(t))\exp(-rt)dt \tag{5-6}$$

である。この代表的企業の行動が，産業全体の価格戦略をあらわしていると

する。産業全体の需要関数を $f(p(t))$ とし，新規参入企業のシェアを $s(t)$ とすれば，(グループとしての)既存企業の市場シェアは $(1-s(t))$，既存企業の需要量は $f(p(t))(1-s(t))$ である $(0 \leq s(t) < 1)$。既存企業の獲得している超過利潤が大きければ大きいほど，新規参入を誘発しやすい。新規参入企業の行動を，

$$\dot{s}(t) = \beta(p(t) - v), \quad \beta > 0 \qquad (5\text{-}7)$$

と定式化できよう。ただし，β は反応係数で，v は潜在的競争者(新規参入者)にとっての正常利潤であり，所与とする。s_0 を参入企業の初期の市場シェアとすれば，既存企業(グループ)の最適価格戦略は r を割引率として，

$$\max V = \int_0^\infty (p(t) - c) f(p(t))(1 - s(t)) \exp(-rt) dt \qquad (5\text{-}8)$$
$$\text{s.t.} \quad \dot{s}(t) = \beta(p(t) - v)$$
$$s(0) = s_0$$

と定式化できる。このモデルを解くには，補助変数を $\lambda(t)$ としてハミルトン関数を

$$H = \exp(-rt)[(p(t) - c)f(p(t))(1 - s(t)) + \lambda(t)\beta(p(t) - v)] \qquad (5\text{-}9)$$

とする。V 最大化の必要条件は，

$$H[\hat{p}(t), \hat{\lambda}(t), \hat{s}(t), t] = \max_p H[p(t), \lambda(t), s(t), t]$$
$$\frac{d(\hat{\lambda}(t)\exp(-rt))}{dt} = -\frac{\partial H[\hat{p}(t), \hat{\lambda}(t), \hat{s}(t), t]}{\partial s(t)} \qquad (5\text{-}10)$$
$$\text{i.e.,} \quad \dot{\hat{\lambda}}(t) - r\lambda(t) = (p(t) - c)fp((t))$$
$$\text{and} \quad \lim_{t \to \infty} \lambda(t)\exp(-rt) = 0$$
$$\dot{s}(t) = \beta(p(t) - v) \qquad (5\text{-}11)$$

である。ただし $\hat{\ }$ はその変数の最適値をあらわす。

簡単な計算により補助変数 $\lambda(t)$ を消去して，$p(t)$ および $s(t)$ よりなる動学モデルは，

図 5-2

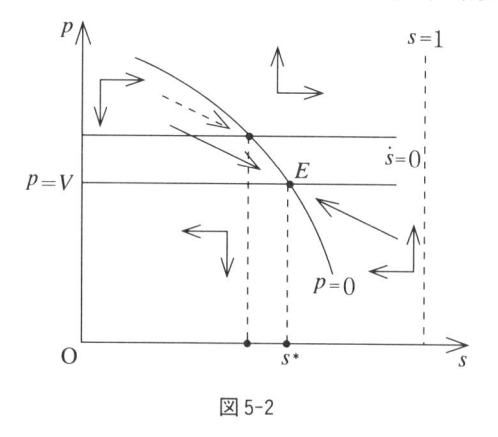

$$\dot{p}(t)=\frac{\beta(p-c)f-[(p-c)f'+f][(p-v)+r(1-s)]}{(1-s)[(p-c)f''+2f']} \tag{5-12}$$

$$\dot{s}(t)=\beta(p(t)-v) \tag{5-11}$$

により記述される。均衡点(定常点)は，サドル・ポイントとなる[13]。既存企業にとっての長期的な最適価格戦略は，位相図(図5-2)の左側の矢印の線によりあらわされ，たとえ新規参入を誘うことになっても最初はより高い価格を設定し，利潤を確保し，参入企業にとっての正常利潤で価格水準を落ち着かせることである。先の静学モデルの場合は，既存企業の価格を新規参入企業の最小最適規模での平均費用において参入を阻止することが最適であった。しかし長期的には，すでに他産業において資本調達力・販売力・技術開発力等を有している企業の新規参入を阻止することが困難である。結局のところ長期的には，完全な参入阻止は困難であるという前提で，価格戦略を立てることが合理的である，ということになる。

図のE点で既存企業にとっての均衡市場シェア$(1-s^*)$，あるいは参入企業のそれ(s^*)が定まる。すなわち，

$$s^*=1-\frac{\beta(p-c)+f}{r[(p-c)f'+f]} \tag{5-13}$$

であり，$1-s^*>0$，すなわち $s^*<1$ は保証される。ここで生産や流通等において何らかの参入障壁が働けば，新規参入企業の平均費用は上昇し，$\dot{s}=0$ 曲線は上方にシフトし，既存企業は価格をより高めに設定でき，参入企業の均衡市場シェアは小さくなる[14]。

ところで参入問題が生じるのは，潜在的競争者からみて，この市場に成長性があるからである。潜在的競争者（新規参入企業）と既存企業との間に，この成長性についての予測に相違がある場合の静学的な分析はすでにみた。次に，この問題を動学モデルを用いて考えてみよう。期待できる成長率を g とする（$r>g$ を仮定）。上の(5-8)式以下のモデルは，

$$\max V = \int_0^\infty (p(t)-c)f(p(t))(1-s(t))\exp(-(r-g)t)dt \quad (5\text{-}14)$$
$$\text{s.t.} \quad \dot{s}(t) = \beta_0 \exp(gt)(p(t)-v)$$
$$s(0) = s_0$$

と拡張される。先と同様，ハミルトン関数

$$H = \exp(-(r-g)t)[(p(t)-c)f(p(t))(1-s(t))+\mu(t)\beta_0(p(t)-v)] \quad (5\text{-}15)$$

を定義してこれを解いて，動学システムは以下の微分方程式であらわされる。すなわち，

$$\dot{p}(t) = \frac{[(p-c)f'+f][\beta_0 \exp(gt)(p-v)+(1-s)(r-g)]-\beta_0(p-c)f}{(1-s)[(p-c)f''+2f]} \quad (5\text{-}16)$$

$$\dot{s}(t) = \beta_0 \exp(gt)(p(t)-v) \quad (5\text{-}17)$$

ここで計算を簡単にするために，新しい変数 $y(t)=s(t)\exp(-gt)$ を導入すれば(5-17)式は，

$$\dot{y}(t) = \beta_0(p(t)-v)-gy(t), \quad y(0)=s(0)=s_0 \quad (5\text{-}17)'$$

となる[15]。(5-16)と(5-17)'式よりなる動学システムは，図5-2と同様に最適経路をもち，均衡点はサドル・ポイントとなる。

図5-3をみられたい。参入企業の均衡市場シェアは，

第 5 章　戦後の産業政策　135

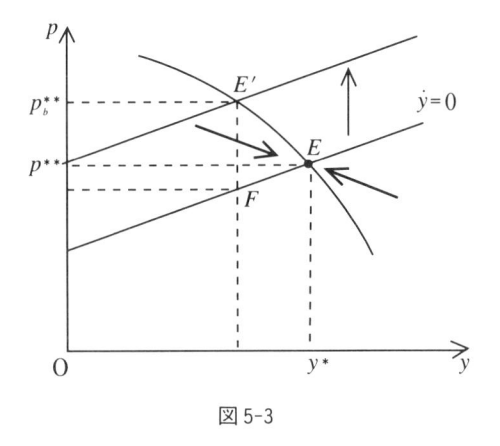

図 5-3

$$s^{**}=1-\frac{\beta_0(p-c)+f}{(r-g)[(p-c)f'+f]} \tag{5-18}$$

となり，$s^{**}>s^*$ である。$\dot{y}=0$ 曲線の傾きは，市場成長率が大きくなれば急になり，既存企業の均衡市場シェア $(1-s^{**})$ は，より小さくなる(新規参入企業のシェアはより大きくなる)。

また，先と同じく参入障壁があって，新規参入企業が既存企業よりも不利な条件下にあるとする。この参入障壁は，図 5-2 において $\dot{s}=0$ 曲線を上方にシフトさせた。この参入障壁の大きさを，Bc としよう(ただし，図には Bc は描かれていないが，$\dot{s}=0$ 曲線の上方シフトの幅であり，図 5-3 では $E'F$ に相当する)。このときの均衡価格に添え字 b をつけてあらわせば，参入障壁の大きさだけ均衡価格は上昇したのだから，$p_b{}^*-p^*=Bc$ である。市場が成長すると期待される場合も，Bc だけの参入障壁があったとする。図 5-3 において，新たな均衡点 E' に対応する長期均衡価格を $p_b{}^{**}$ とすれば，

$$p_b{}^{**}-p^{**}<Bc=p_b{}^*-p^* \tag{5-19}$$

であり，参入障壁の有効性が減ぜられる。期待される市場の成長率が高いほど $\dot{y}=0$ 曲線の傾きは大きくなり，既存企業が有する参入障壁 Bc (図中 $E'F$) と予想される価格差 $(p_b{}^{**}-p^{**})$ との差が大きくなるのだから，既存

企業にとって新規参入を阻止することはますます困難となる。

5.6　むすびにかえて

　これまで多くの論者が，わが国の産業と政府との間には緊密な関係があり，これが驚異的な経済成長の大きな要因であると指摘してきた。産業政策の主役を担った通産省はもちろん，政府全体として，外国資本から国内産業を保護し，育成すべき産業を取捨選択して優遇してきたように思われている。そのような産業政策の実行にあたっては，必ずしも法令によらない，「行政指導」が綿密に行われてきたこともよく指摘される。戦後復興期から，通産省は重化学工業化・産業の近代化を押し進め，必要な育成策を中小企業にまで適用してきた。これら保護・育成策は上でみたように，まことに包括的なもので，通産省の産業政策は戦後の高度経済成長に大きく貢献したといわれることもうなずけるものがある。

　通産省の産業政策の目標は，基本的には国際競争力の強化であった。国際競争力の強化という目標は，輸入代替を促す工業化だけではなく，輸出促進を目的に含んでいた。その目的のために保護育成されるべき産業は，所得弾力性基準と動学的比較優位の基準で選ばれたと，後から理由付けされた。これら産業には，希少な設備投資資金が政府系金融機関を通じて低利で融資され，外貨が割り当てられるなど，優遇的措置が講じられた。

　合成繊維を含む石油化学工業の保護育成政策は，当時の産業政策の特徴をよくあらわしている。石油化学工業は，わが国にとってほとんど未知の産業で，原料だけでなく技術も海外に依存しており，外為法のもとで設備投資等を規制しやすい環境にあった。規模の経済が働くこの産業で国際競争力を得るためには，海外の最新鋭設備に匹敵する規模の投資が必要であった。通産省は，認可できる設備の規模を次々と拡大することにより，早急に国際水準の生産能力（コスト競争力）を実現しようと指導した。鶴田(1982)にもあるように，通産省の戦略は，石油化学製品の輸入代替から短期間における輸出産業の育成へと，その実現をみた。

その一方で，認可すべき生産能力の拡大は，資金，技術，製品の販路等で新規参入企業に多大な負担を強いるものであるから，参入阻止の役割を果たし，先行投資を行った既存企業を保護するものでもあった。しかし，強気の成長を期待した企業群の参入を阻止することはできず，次第に網羅的な認可を余儀なくされた。認可の要件である多額の設備投資も参入企業の旺盛な事業欲の障壁とはなりえなかったのである。

通産省は，川崎製鉄の新鋭工場の建設にも反対であったし，代表的な組立産業である自動車産業についても，その育成策のなかで「集約化」(グループ化)を図り，新規参入を阻止しようとした。だが，二輪車メーカーのホンダが参入し，成功を収めた。本章では，参入阻止価格の伝統的理論であるSBMモデルを動学化し，新規参入企業が期待する成長率が通産省の予想よりも高い場合，既存企業の参入障壁は有効に機能しないことをみた。通産省が，集約化などにより，規模の経済を通じて国際競争力を強化しようとした産業は，企業の側からみれば将来性のある有望産業ということでもあり，技術革新を伴って参入することにより，高い利潤が期待できたのであった。通産省が育成すべきだと関心をもった範囲の外にあった産業における企業はもちろんのこと，優遇的措置を受けた当の産業においても，通産省の保護主義的，競争回避的産業育成策は，ごく限定的な段階でのみ許容されたのであると筆者は考える。官民協調方式と産業の寡占化を柱とする「新産業体制」を目指した「特定産業振興臨時措置法」(特振法)が，再三の国会上程にもかかわらず廃案となったことは，産業界のスタンスをよくあらわしているのである。

わが国が，国際経済社会において大国と認知されるようになった1970年代に入り，通産省は介入的・規制的な色彩の強い産業政策から，産業界に対する情報の提供や指針を示すことなどにウエイトを移し，市場の機能を重視した方向へ政策を変えてきた。たとえば，産業の高度化や知識情報産業の重視であり，公共財や知識情報などを充実し，資源開発や高度技術開発など，ハイ・リスクな分野への投資を通じて，市場機構を補完する役割が提起されてきた。しかし，産業が高度化し技術開発に加速度的なスピードが要求され

る今日，果たして，通産省がかつてのように産業発展の指針を示すことができるかどうか，また産業界の主体的技術開発を正しく補完できるのかどうか，大いに疑問とするところである。

1) 小宮他(1984)の「序章」では，通産省の「原局」組織が産業界と密接な連携を可能にし，行政指導に大きな力を発揮してきたことが指摘されている。また，民営化や規制緩和を通じた競争政策も，広い意味での産業政策といえよう。新庄他(1990)では，産業のインフラ整備や公害規制，さらには中小企業政策をも産業政策に含めている。筆者は，産業政策を，政府が意図的に資源配分に介入・誘導する政策として広く解釈しておきたい。ただし，本章では，産業政策を狭い範囲に限定している。
2) 復興金融公庫融資の急伸と価格差補給金の大盤振舞が，急激なインフレーションの要因となり，国民生活に重くのしかかったことも忘れてはならない。
3) 通産省が，これらの基準を事前にもっていたというわけではないようである。これらの基準については，Shinohara(1982)が詳しいが，いずれも将来の経済成長や国際市場の規模の増大を予定したものである。これらの基準が「後知恵」といわれるように，通産省が，静学的な資源配分の議論を嫌って，これらのダイナミックな基準によって産業政策を行っていた，とは思えない。
4) 武藤(1984)など。また，以下の自動車産業に対する政策については，鶴田(1982)に多くを負っている。
5) 「特安法」は，1978年5月に制定された，5年間の時限的臨時措置法であり，その有効期限が切れる83年には，「特定産業構造改善臨時措置法」(以下，「産構法」と略称)に引き継がれ，法の適用は結局10年に及んだ。より詳しくは第6章で説明する。
6) 経済活動部門分類は，通産省『80年代の産業構造の展望と課題』(1981年)により，以下のごとくである。
  基礎素材産業：鉱業，化学(化学繊維および化学繊維原料を除く)，石油・石炭製品，窯業・土石，鉄鋼，非鉄金属，および金属製品
  加工組立産業：一般機械，電気機械，輸送用機械，および精密機械
  生活関連産業：食料品，繊維(化学繊維および化学繊維原料を含む)，紙・パルプ，およびその他製造業
 他の先進国，たとえばイギリスにおける製造業のタイプ別固定資本形成の推移は，図5-4のごとくである(CSO, *Blue Book*, 各年版より作成)。図中，基礎素材産業には，北海油田の原油・天然ガス採掘関連の投資が含まれるが，この部分を除けば基礎素材産業投資額曲線が，3割程度下方にシフトする。

(千ポンド)

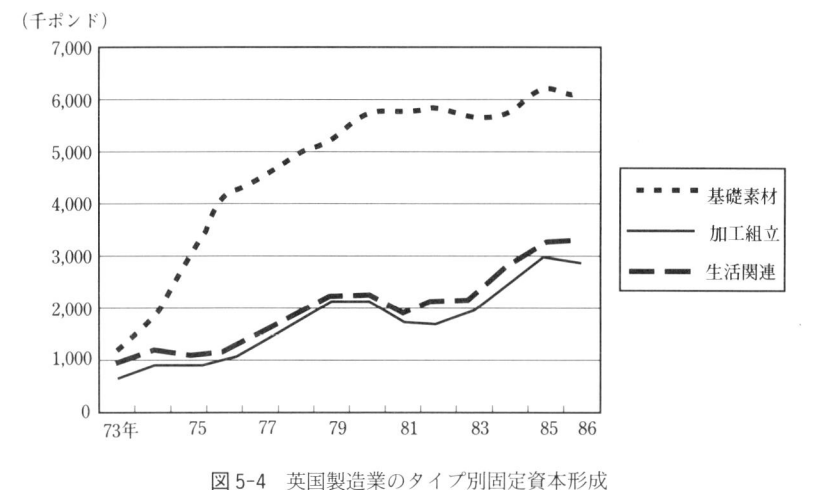

図 5-4 英国製造業のタイプ別固定資本形成

7) コンピュータ産業の育成政策の内容とその評価については，小宮他編(1984)の今井論文，新庄論文が詳しい。さらに米倉・島本(1998)は，当時の通産省と業界とのやりとりの一端を含め，コンピュータ事業にかける群像を描いており興味深い。以下の説明は主としてこれらを参考とした。
8) 米倉・島本(1998)，p.353，および新庄(1984)，p.305。
9) 官公需や教育機関における国産機採用の奨励は，通産省の枠を超えて行われた。筆者の記憶に間違いがなければ，私立大学におけるコンピュータの導入にあたっても「買い取り」の場合に限り，文部省からの補助金が出る仕組みが80年代前半まであった。
10) 通産省の育成策，民間企業の技術開発の方向が「ハード」中心で，OSなどソフトウエア部分の発展で，アメリカに決定的に遅れをとった。また，汎用型コンピュータ中心の開発態度は，その後のパソコンの機能アップを予想できなかった等，通産省の産業政策が電子工業技術の発展方向を正しく予見したものであったとは思われない。
11) 静学的な参入阻止価格の理論をSBMモデルと呼ぶのは，その開拓者，P. Sylos-Labini, J. S. Bain, および F. Modigliani に因んでのことである。以下の定式化には，Waterson (1984), Chap. 4 および Matsumoto (1977, 1992)を参照していただきたい。
12) 以下の基本モデルは Gaskins (1971)による。このモデルは，既存企業と新規参入企業との間の動学的関係と考えてもよいし，既存企業間におけるドミナント企業とその他の企業との関係ととらえてもよいだろう。ジャックマン(1992)は，類似の動学モデルを用いて，参入阻止価格形成における需要の価格弾力性，既存企業のシェアの役割を分析している。また，誤解のおそれがない限り，時間変数 t を省略している。

13) Gaskins (1971)による。詳しい計算は省いてある。
14) 均衡点 $(\hat{s}, \hat{p})$(図中では，(s^*, p^*))の近傍の安定性を調べるために，

$$\dot{p}(t) = \Phi(p(t), s(t))$$
$$\dot{s}(t) = \Psi(p(t), s(t))$$

とし，均衡値の近傍で線形近似すれば，

$$\begin{bmatrix} \dot{p} \\ \dot{s} \end{bmatrix} = \begin{bmatrix} \Phi_p & \Phi_s \\ \Psi_p & 0 \end{bmatrix} \begin{bmatrix} p - \hat{p} \\ s - \hat{s} \end{bmatrix}$$

である。ただし，Φ および Ψ 関数の下添え字は，それぞれの変数による偏微分をあらわし，$\Phi_p > 0$, $\Phi_s > 0$, および $\Psi_p > 0$ である。この連立微分方程式の解の性質を調べるために新たな変数 θ についての特性方程式

$$\begin{vmatrix} \theta - \Phi_p & \Phi_s \\ \Psi_p & \theta - 0 \end{vmatrix} = 0$$

をつくる。この特性方程式の2根を θ_1, θ_2 とすれば，

$$\theta_1 + \theta_2 = \Phi_p > 0 \quad \text{および} \quad \theta_1 \cdot \theta_2 = -\Phi_s \cdot \Psi_p < 0$$

となり，方程式の判別式は必ず正となり，均衡点はサドル・ポイントとなることがわかる。

15) 最大化の十分条件は，$f(p)'' < 0$ により保証される。ここではこれを仮定している。また，V 最大化の必要条件(5-10)の第1式は，

$$\frac{\partial H}{\partial p} = (p-c)f'(1-s) + f(1-s) + \lambda\beta = 0$$

であるから，これより t 時点における寡占産業の「価格-費用マージン」は，

$$\frac{p-c}{p} = \frac{1}{\eta}\left[(1-s) + \frac{\lambda\beta}{f}\right]$$
$$= \frac{1}{\eta}\left[1 + \frac{\lambda\beta}{f}\right] - \frac{1}{\eta} \cdot \frac{x}{X_0}$$

とあらわされる。ただし，$f(p(t)) = X_0$。x は t 時点において参入企業が規模の経済性を発揮できる最小産出量，X_0 は t 時点における産業の規模で，それぞれ，静学モデルにおける最小最適規模および市場規模に相当する。既存企業の超過利潤をあらわす価格-費用マージンは，静学モデルの場合と同様，産業の需要の価格弾力性および最小最適規模に依存する。

第6章　産業の調整援助政策

6.1　はじめに

　前章では，終戦後の復興期から1970年代半ばまでの，わが国の産業政策の特徴について述べた。復興期から高度経済成長期において通産省は，「国際競争力の強化」のかけ声のもとに，特定産業を保護し育成する施策を次々と実施した。通産省は，育成すべき産業の「過当競争」を防止し，生産と資本の規模拡大を求めて企業の集約化を図ったが，産業界の受け容れられるところとはならなかった。産業界は一般的な保護や優遇策を要望しても，個別企業の自主性に及ぶような産業政策には反対した。石油化学工業，自動車産業やコンピュータ産業にその事例がみられる。

　政府が特定産業の保護・育成を図るということは，国民経済全体で利用可能な資源の市場メカニズムによる配分に介入することである。政府の介入によって，直接・間接に利益を受ける産業および企業と，不利益を蒙る産業および企業が生まれる。そのような帰結をもたらす産業政策の是非はどのような観点から判断されるのか。どのような経済政策でも，その発動の目的は国民経済厚生の増大であるから，その政策が資源配分の変更を通じてどのように，そしてどのくらい経済厚生を増大させうるかが問題である。

　伝統的には，国際貿易の理論でこの問題を扱ってきた。主として，「幼稚産業保護の理論」である。自国では生産していない商品を輸入している場合，

自国産業のセットアップを容易にするように，国内市場を保護し輸入代替を促すことにより自国の経済厚生を高めることが考えられる。さらに，他国がすでに巨大で先端的技術の生産設備をもち，自国がその商品を輸入しているが，将来の自国および世界経済全体の市場には十分な成長が見込め，自国企業が新規に参入してもプラスの利潤を獲得できるだろうと期待できる場合がある。

その産業に「動学的規模の経済性」が期待できる場合はなおさら，セットアップ・コストを補助し，自国企業に国内市場を手当することにより一定の時間を経て産業を確立することが経済成長にもプラスであるし，経済全体の厚生を増すことが予想できる。伊藤他(1988)では，動学的規模の経済性がもたらす平均費用曲線の下方シフトによって自国企業がプラスの利潤を得て自立する場合に，政府が行うべき本来の政策は，直接的介入ではなく資本市場の整備や正確な情報の伝達であっても，当該産業が外部経済を有し長期的に市場の失敗が生じる場合には，補助や輸入制限といった介入的産業政策が正当化されることが説明されている。次節では，これまでの産業保護および育成政策の議論を整理する。

前章で，わが国の産業保護・育成政策の特徴がその包括的性質にあることを述べたが，その背後で急速な「産業調整援助政策」がとられたこともよく知られている。新たに育成すべき産業への資源投入を誘導する成長政策の一方で，競争力の衰えた産業からの資源移動のコストを可能な限り低下させる必要がある。そこで生じる資源の移動，企業や事業所の整理統合が行われることは，それが立地している地域の経済活動に直接に影響する。だから，産業調整援助政策は地域の雇用政策や衰退産業に替わる企業立地政策等の地域政策と強く連携することとなる。第3節では，石炭鉱業や繊維産業のような，個別産業に対して行われた調整援助政策を点検する。続いて，わが国産業構造の大きな変革期になされた「特定不況産業安定臨時措置法」および「特定産業構造改善臨時措置法」の事例から産業調整援助政策の特徴を分析し，いっそう包括的な経営資源のシフトを企図した1999年の「産業活力再生特別措置法」制定の意義を考える。

また前章では，特定産業の保護・育成政策が一方で外国企業からの保護であると同時に，他方では国内の新規参入を規制する性質をもっていたことを述べた。規制の方法は，外国為替の承認，政府系金融機関による低利融資，設備投資規模の承認，（強制力を伴わなかったが）行政指導による供給量の規制，企業のグループ化などであった。調整援助政策の手段は，供給能力（設備）の処理への援助，（不況）カルテルの容認，生産や販売の共同化の促進，雇用維持への手当，労働者の再訓練などであった。これらの手段は，その時々の時限法により裏付けられており，適用期間を区切ったものであった。しかし，それらの手段の適用は，次々と延長され，財政資金の投入は当初の見通しをはるかに上回った。援助される民間主体の方では，そのような政策の一貫性のなさを見通して，それなりに合理的に行動してきたのであり，政府はそれらの要請に応えて援助政策（補助）を続行したのである。最後に，政策の「時間的非整合性」の概念を用いて，この問題を考える。

6.2　産業保護・育成政策モデル

Kaldor(1966)は，工業部門の労働生産性が同部門の雇用量にプラスに相関していること，すなわち工業部門に「規模の経済性」が存在するから，工業部門の発展が経済成長に大きく貢献することを主張した。また，新経済成長モデルと呼ばれるRomer(1986)は，工業の特定部門での投資が外部効果を発揮して経済成長を押し上げることを，Lucas(1988)は，ヒューマン・キャピタルの外部経済効果を主張している。経済成長と産業構造の変化，都市化，そして高等教育の普及は，長期的には歩みを同じくしているように思われる。政府による特定産業への投資の誘導や教育環境の整備は長期的な経済発展に寄与するだろうから，それらと連携した上での，低利の金融や補助金，輸入制限等を通じた幼稚産業保護や育成政策に意義が認められるのである。

戦後のわが国においても，工業化を通じた経済発展を目指した。その場合，欧米先進国に対して技術的に遅れており，主要（となるであろう）産業を保

護・育成し輸入代替から輸出産業へ発展させていくことが国家的目標であったが，保護・育成政策は無条件に許されるものではない。保護・育成手段は，市場経済に対する政府の「介入」であり，特定産業の保護は，多かれ少なかれ，他の産業あるいは消費者の不利益や負担を伴うから，国民の経済厚生の観点からこれらの政策の妥当性が判断されなければならない。保護の手段には，輸入税としての関税，輸入数量制限，補助金等がある。とくに関税政策は，財政的な負担なしに特定産業を保護することができ，最も広く用いられている措置である。戦後のわが国のいくつもの産業において適用された輸入財への関税によって，国内産業の保護を企図する場合の経済効果をみてみよう[1]。

自国は財 X_1 と財 X_2 を生産し，財 X_1 は国際競争力があって輸出されており，国内でも国際価格と同一水準で販売されているが，財 X_2 の生産においては比較劣位にあり，輸入しているとする。この産業を保護し輸入代替を促すことができるように，輸入財 X_2 に $100 \cdot t$ ％の従価税を課するとしよう。それぞれの国際価格水準に * をつけてあらわせば，国内価格 p_1, p_2 と国際価格との関係は，

$$p_1 = p_1^* \qquad (6\text{-}1\text{-}a)$$

$$p_2 = p_2^*(1+t) \qquad (6\text{-}1\text{-}b)$$

である。両財の国内における相対価格 ($p = p_1/p_2$)，および国際相対価格 ($p^* = p_1^*/p_2^*$) は，

$$p = \frac{p^*}{(1+t)} \qquad (6\text{-}2)$$

である。当然であるが，国内において，輸出財は相対的に割安になる。両財の国内における消費量を $C_i (i=1, 2)$ とする。政府の関税収入がすべて民間への定額補助金として分配されると単純化して，民間部門の収支均衡条件は，

$$p_1 C_1 + p_2 C_2 = p_1 X_1 + p_2 X_2 + t p_2^*(C_2 - X_2) \qquad (6\text{-}3)$$

である。左辺は，民間部門の総支出額，右辺は民間部門の生産額と政府から

図 6-1

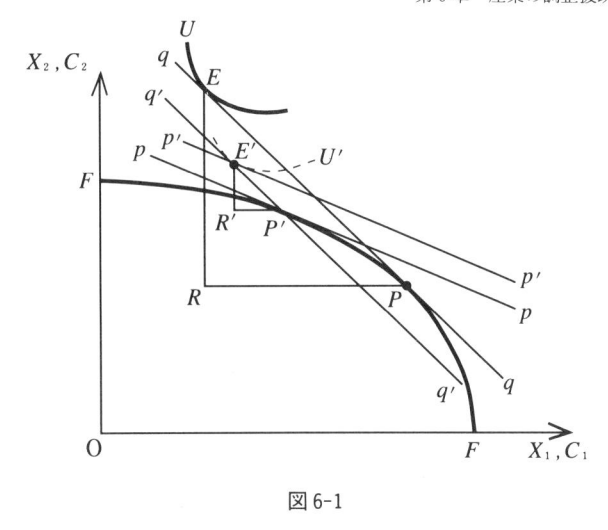

補助金として受け取る関税額の和である。上式の両辺を p_2 で割り，(6-2)式を考慮すれば，

$$p^* C_1 + C_2 = p^* X_1 + X_2 \tag{6-4}$$

とあらわされる。これは，国際相対価格であらわせば，自国の総支出額と総生産額が等しい，ということである。上式はさらに，

$$p^* = \frac{C_2 - X_2}{X_1 - C_1} \tag{6-5}$$

となる。分母は自国の輸出財 X_1 の輸出量，分子は輸入財 X_2 の輸入量であるから，輸出財1単位で輸入できる財 X_2 の量，すなわち交易条件が，国際相対価格に等しいことを意味している。

この輸入関税は，自国の経済にとってどの程度有利であるか，あるいは不利なものであろうか。図6-1の横軸には輸出財 X_1，縦軸には輸入財 X_2 の量が測られ，FF は自国の生産フロンティアである。もしも自由貿易を行えば，国際相対価格 (p^*) をあらわす価格線 qq が，生産フロンティアと接する P 点が自国の生産点であり，財 X_1 を RP だけ輸出し，財 X_2 を RE だけ輸

入し，国民は社会的無差別曲線Uの水準の生活が可能である。ここで輸入財X_2に対する輸入関税($100 \cdot t$％)を賦課すれば，国内における財X_1の相対価格は安くなるから，価格線は，ppのごとくに緩やかな勾配となり，自国の新たな生産点はP'となる。ただし，(6-4)式にあるように，国際価格(p^*)であらわした国内の総支出と総生産額は等しくなければならないから，自国の消費点は，P'を通りqqと同じ傾きをもつ価格線$q'q'$の上になければならない。社会的無差別曲線は，同時に，国内価格線ppと同じ傾きをもつ直線$p'p'$とE'点で接しているであろう。結果として，自国は財X_1を$R'P'$だけ輸出し，財X_2を$R'E'$だけ輸入し，U'であらわされる生活水準が可能である。$p'p'$がqqよりも緩い傾きであることから，E'はEよりも必ず右下方にあり，輸入関税は，自国の輸出入量を減少させるだけでなく，社会的効用をも低下させるものであることがわかる。

　以上のように，輸入関税による自国産業の保護政策は，輸入財のみでなく，輸出財の取引量を削減させ，国民の生活水準にとって不利に働く。このことは，輸出財への補助金支出や輸入財への消費税の賦課の場合だけではなく，輸入数量割当による国内産業保護の場合も，同様にあてはまる。

　しかし保護政策は，一時的には国民の経済厚生に不利益を与えることがあっても，長期的には利益を期待することで是認されることがある。すなわち，保護されている間に，国内企業に規模の経済性が働いて，生産フロンティアが，とくに輸入財X_2について大きく外側にシフトすることができるであろう，と期待される場合である。これはみかたを変えると，現在は国際的にみて不利な生産費用条件にある産業に対して，国内市場を確保させてやることにより，いわば「動学的規模の利益」を享受させ，国際市場で十分な競争力をもてるほどの限界費用の低下により，供給曲線を下方にシフトさせうるだろうということである。そのような期待があるとき，保護期間の社会的負担や損失（もし保護がなければ得られたであろう社会的利益）を，その産業が自立した後に社会的に得られる利益と比較して，保護の妥当性を考えることが不可欠となる。このような幼稚産業の保護の条件は，最初に提示したJ. S. Millと，それをより厳密に定義したC. F. Bastableの名前をとり，ミル=バ

図 6-2

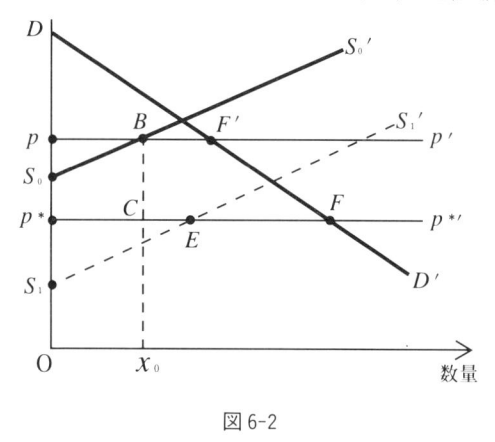

ステーブル(Mill = Bastable)の基準と呼ばれる。

　伊藤他(1988)によれば，一時期の保護政策により当該産業の動学的規模の経済性が期待できる場合は，以下のように説明される。図6-2には，自国の幼稚産業の供給曲線(限界費用条件)S_0S_0'，当該商品に対する国内の需要曲線 DD'，および国際価格水準 $p^*p^{*'}$ が描かれている。他の先進国に対して現在不利な費用条件にある自国産業が，将来において規模の経済性を手に入れるのに必要な現在の生産量が x_0 であるとする。政策当局は，現在時点において pp^* だけの補助金を与えるか輸入関税を課すかにより，国内価格を引き上げてこの産業に国内市場 Ox_0 を分け与えることができる。このとき保護された企業は，S_0pB だけの生産者余剰を受け取るから，社会全体で負担する費用は面積 S_0BCp^* である[2]。

　この産業が期待通りに費用条件を改善し，将来的には供給曲線を S_1S_1' へと下方シフトさせることができたとする。そのときはもう補助は不要となり，社会全体として S_1p^*E だけの生産者余剰を享受できる。この将来得られると期待できる余剰の現在価値が，現在の補助金(社会的費用)を超えるものであれば，この産業を一時的に保護する理由があると，一応考えられるのである[3]。

　このようなミル=バステーブルの基準は，保護すべき産業を選択する場合

図6-3

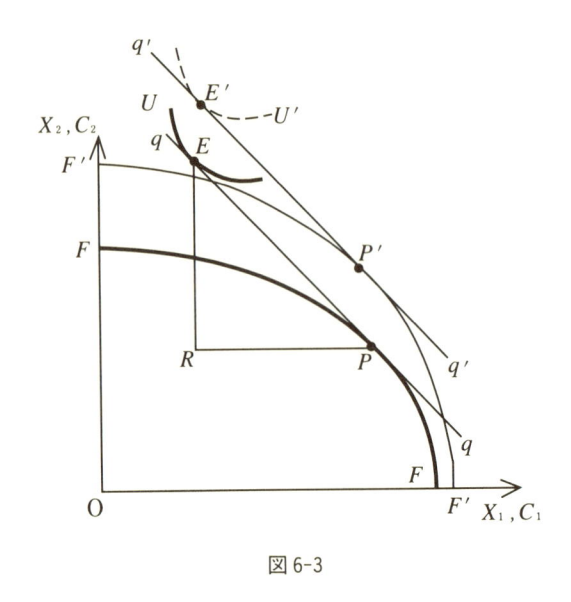

の最も初歩的な条件ではないだろうか。そして，この条件だけでは産業保護の合理性を主張することには問題が残る。というのは，将来において，産業が自立した後に得られるであろう社会的利益の評価が非常に困難であるからである。また，社会全体として短期的には損失を蒙るが将来は利益を生むという産業であれば，そもそも，私的企業はおしなべてそのような性質をもつもので，リスクを冒さずに業を興すなどということはありえず，どうして政府がその産業・企業を保護する必然性があるかが問われることは，当然である。

そこで保護すべき産業の条件として，産業が成長して行く過程での，外部経済効果の存在を強調する Kemp (1960, 1964) の議論が知られている。動学的に外部経済がある産業では，私的評価と社会的評価が相違するから，市場の失敗が発生するだろう。このとき政府による介入(保護政策)が是認されるだろうというのである[4]。上記の図6-1を援用して考えてみよう。図6-3において，初期時点の経済全体の生産フロンティアは FF，関税や補助金という政策をとらずに両生産物を国際価格水準で国内に販売すれば，最適生産点

および消費点はそれぞれ，P および E である。ここで，X_2 財産業に対して，上述したような保護政策をとったとする。この産業は，動学的規模の経済により，時の経過と共に自らの費用条件を改善するだけではなく，X_1 財産業の費用条件をも改善するという外部経済効果をもたらす。それは一般的には，費用節約・要素節約的な改善効果を意味するだろうから，生産可能フロンティアは $F'F'$ のように外側にシフトするはずである。保護期間中には国内の相対価格は図6-1の pp 線のごとくであったが，外部効果が有効に働いた時点では保護措置は解除され，国内相対価格は国際価格水準と同一になり，国内の収入線は図6-3の $q'q'$ のごとくである。今や新たな効率的生産点は P' となり，消費点は E' へ移り，社会全体の効用が増すことが予想できるのである。

以上のように，特定産業の保護には将来時点での生産効率の大幅な改善が見込めることや，他産業への外部効果があることが前提とされる。しかしそれらの効果が，保護期間中の社会的厚生の損失を埋め合わせてなおプラスの社会的利益（プラスの余剰）が期待されなければ，産業保護の合理性はない。自国産業を保護している期間中に，他の先進国がいっそう費用条件を改善していることも当然予想できる。そうであれば，上記のような静学的モデルによる社会的厚生のプラス・マイナスの比較から産業保護の是非を判断することには，慎重でなければならないだろう。これまでのわが国の産業保護・育成政策は将来の社会的厚生の増加を正しく予測していただろうか，大きな疑問とするところである。

6.3　産業調整援助政策

(1) 地域間の資源配分と産業調整援助政策

わが国の高度成長に寄与したようにいわれる産業育成政策の発動の裏側で，産業調整援助政策が多くの産業および地域で行われてきた。それは，国内産業の盛衰に伴う資源配分の必要性からも，海外との貿易摩擦を緩和するために国内産業を整理する必要性からも行われてきたのである。これまでも指摘

図 6-4

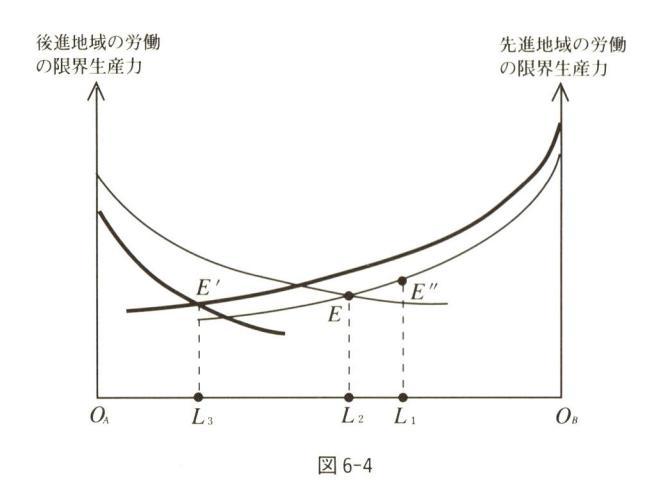

してきたように，産業の盛衰はそれが立地する地域経済を大きく左右するから，（政策手段がいくつもの省庁にまたがるという意味でも）産業調整援助政策は広範囲に及ぶ特徴をもっている。

　国全体の適切な資源配分を求める観点からは，産業構造の変化に伴って地域間分業や機能分担をスムーズに行うことが合理的である。しかし地域の立場に立てば，異なる産業構造を受容することは所得格差の原因となり，人口流出・地域社会の衰退にもつながる深刻な問題にもなる。資源の移動が即時的に行われコストを必要としなければ，当該地域からの資源の移動は残った要素の限界生産力を高め，全体としては各地域の要素の限界生産力が均等化し，地域間の経済格差は縮小するだろう。しかし実際には，わが国の地域間経済格差が縮小してきたとはいえない（小林・松本（1995），第 10 章）。

　小林・松本（1995）により，この問題を簡単に再論しておこう。経済的後進地域Aと先進地域Bとの間で生産要素としての労働力を配分する問題を考える。図 6-4 には，原点 O_A からA地域の労働量を測り労働の限界生産力曲線を描き（右下がりの細線），原点 O_B から左方向にB地域の労働量を測って労働の限界生産力曲線を描く（左下がりの細線）。今，両地域の労働力の配分が $O_A L_1$ および $O_B L_1$ であるとすると，［B地域の労働の限界生産力］＞［A地域

の労働の限界生産力]で，それぞれの地域の生産量は，各限界生産力曲線とL_1からの垂直線L_1E''とで囲まれた面積である．このときA地域からB地域へ労働の移動が生じ，両地域の限界生産力がE点で均等となるから，新たな労働力の配分はそれぞれO_AL_2およびO_BL_2である．各地域の生産量はそれぞれの限界生産力曲線とL_2からの垂直線L_2Eとで囲まれた面積となり，先進地域では増加し，後進地域では減少しているが，総生産量は増加している．

もしもこのようなE点が地域の資源配分の均衡点であるなら地域間経済格差は生じないだろう．しかし現実の地域経済で問題となるのは，資源の移動にコストを要し，しかもよりスムーズな移動が可能な資源(この場合は労働力)ほど限界生産力は大きな場合が多いということである．その地域で長く生活していた労働者ほど，家屋や社会的評判，人間関係など有形・無形の資産を多く形成していよう．彼らが地域を離れることにより失うおそれのあるこれら資産の経済価値が移動のコストである．一方，彼らが移動先の地域で受け取ると期待できる経済的報酬は，彼らの残された労働時間に依存する．後者と前者の差が彼らの地域間移動に大きく影響するだろう．

そうであれば，移動のコストも低く新たな地域での就業から期待できる報酬も多いのは，一般的に若年労働者であるから，先進地域には若年人口が，後進地域には老年人口がより多く集まる．その結果，後進地域の労働の限界生産力曲線は図の太線のごとく下方にシフトし，先進地域のそれは，右側から描かれる太線のごとく上方にシフトしよう．経済がサービス化するほど人口集積の経済的効果はプラスに作用するだろうから，先進地域の限界生産力曲線はいっそう上方にシフトする．よって新たな均衡点は図6-4のE'となり，先進地域の生産量はますます増加し後進地域の生産量はますます縮小し，地域間の経済格差は拡大する．しかしこのような地域間経済格差の増大は，所得再分配などを余儀ないものとして行政コストを高めるから，国民経済全体の観点からは決して望ましいことではない．

また，後進地域の行政府は，企業の誘致により雇用の場の確保に努め限界生産力曲線の下方シフトを押しとどめようという考え方に立ち，個人にとっ

ても地域にとっても，急激な資源移動ほどそのコストは高くつくと考えられがちであるから(Krugman(1991))，スムーズな資源移動を可能とするためにも，特定の産業に対する調整援助政策が地域政策として広範な施策を展開することになるのである。このような理解を前提に以下では，産業保護・育成政策の裏側で行われてきた，衰退する個別産業を対象とした調整援助政策に加えて，石油ショックの後における，広い範囲の産業に共通な産業調整援助政策の意義を考える。

(2) 石炭鉱業，繊維産業の調整援助政策

産業構造は経済社会の発展段階と共に常に変化する。経済社会の変化に従って，衰退する産業・企業から，どのように，そしてどのくらいの速度で経済資源を成長産業へ移動させるかは常に経済政策の大きな課題である。資源を産業間で移動させるということは，同時に，地域間で資源，とくに労働を，移動させることにつながる場合が多い。費用ゼロで，瞬時的に生産要素としての資本および労働を産業間・地域間で移動させえると考えることは非現実的であろう。とくに労働の移動の場合には，体得した技能や組織内での地位，取得した家屋など，無形・有形の資産が，新たな産業や地域へ移動した後でどのように評価されるかという問題がつきまとうから，移動のコストは大きい。だから労働者にとっては，移動によって新たに得られる賃金に対して，少なくとも下方に硬直的な期待をもつだろう。そのような賃金の硬直性は，産業構造変化のプロセスにおいて，生産可能性フロンティア上の調整に対する阻害要因となり，失業の増加など，資源配分上の損失を生じさせることになる。そのような場合，労働者個人の職能の調整だけでなく，地域経済の観点からも，産業構造の変化の方向に即した調整援助政策の発動が現実的な課題となる。

このような地域問題も考慮に入れた産業調整援助政策の例としては，1960年代の石炭から石油への急速な転換期，エネルギー革命期，の石炭鉱業に対するものがある。国内石炭生産は，61年度の5541万トンをピークに減少を続け，65年度には5000万トン割れ寸前まで落ち込んだが，常用労務者は，

同時期に21.5万人から11.4万人にほぼ半減した。石炭鉱業は，多くの単純労働者を抱え，「炭住」と呼ばれる独特の地域社会を形成していた。政府は，一方で石炭の生産を抑制しながら国内需要を確保し，閉山地域に工業団地を造成し進出企業に手厚い補助を与え雇用の場を確保し，旧産炭地域の急激な衰退をくい止めようとした。そのため政府は，59年に「炭鉱離職者臨時措置法」，61年に「産炭地域振興臨時措置法」を制定し，62年に「産炭地域振興事業団」を設立した[5]。それらの対策はスムーズな資源移動を促進するというよりも地域対策的な性格をもっていたから，臨時的な性格にとどまることができず，同法は81年にも再度延長され，91年にも一部改正の上，さらに10年間の延長が決定した。しかし，産炭地の多くは他の鉱山と同様，山間部にある場合が多く，さまざまに手厚い援助政策がとられたにもかかわらず，人口の流出・地域の衰退が避けられなかったケースがほとんどであった。

ただし産業調整援助政策は，当該産業からの資源移動をできるだけ低コストでスムーズに行うことが要件であるから，援助政策の評価にあたっては，その調整速度が問題となる。石炭鉱業の場合には，民間企業の債務を財政資金で肩代わりするという前代未聞の方策まで講じたにもかかわらず，政府が期待した「なだらかな終閉山」ではなく，かえって「なだれ閉山」を招き，大量の失業者の発生，産炭地域の急速な疲弊などの社会的摩擦を増大することとなった（通産省(1991)，第10巻第6章を参照）[6]。

エネルギー革命の進行にあって，なだらかな終閉山を目標とした石炭鉱業に対する調整政策とは異なり，「繊維産業における調整援助政策は，……とくに初期には，転換の促進よりは補助による再生を意図する傾向があった」（関口・堀内(1984)，p.333）。繊維工業と衣服業を含む繊維産業は，伝統的に中小および自営業の比率が圧倒的に高く，労働集約的であり，経済成長の過程で輸入自由化の影響が強くあらわれた。繊維産業に対する産業調整援助政策は，中小企業対策としての性質を色濃く有していた。

また通産省は，綿紡績業に対して原綿の輸入割当による短期の需給調整を行ってきたが，1961年4月より原綿・原毛の輸入自由化が実施された。合成繊維の生産拡大によって，天然繊維の設備は過剰となり，若年労働者の不

足も加わり繊維業の輸出意欲は減退した。政府は，56年10月に実施された「繊維工業設備臨時措置法」(いわゆる「繊維旧法」)を，64年6月に「繊維工業設備等臨時措置法」(以下，「繊維新法」と略称)に改正し，生産・輸出の調整を図った。同法は，繊維産業の不況は構造的なものであるとの認識に立ち，共同行為による過剰設備の廃棄(「格納」と呼んだ)による需給調整政策の法的裏付けとなった。この「臨時措置法」もまた，当初68年10月に失効する予定であったが，70年6月末まで延長された。

ところで繊維新法は，廃棄する設備の規模に応じて新設を含めた設備の稼働を認めるという，スクラップ・アンド・ビルド方式であった。そこで企業は，廃棄すべき設備を大きくすることで，認可される稼働設備を増すように工夫した。旧法のもとで「使用停止状態であった設備を廃棄することによって，実際に稼働する設備は増加」し(関口・堀内(1984)，p. 412)供給も増加し繊維不況はいっそう深刻なものになったという，不合理な現象が生じたのである[7]。中小零細規模の企業数は減少せず，企業規模の拡大による生産の効率化を目指した調整援助政策は失敗した。

日本紡績協会は，65年，「紡績業の構造的不況要因を根本的に除去するための長期的対策を検討し……生産部門・流通部門を含む水平的かつ垂直的な企業統合の推進」(関口・堀内(1984)，p. 413)を訴えた。政府も繊維産業の構造対策の必要性を認め，繊維新法に替え，67年に「特定繊維工業構造改善臨時措置法」を成立させ，共同行為による大幅な設備廃棄を行い，設備の近代化に努力することになった。さらに同法は74年に「特定繊維工業設備臨時措置法」に改正の上延長され，この間多額の財政資金も投入されたが，政府主導による構造改善は期待したほどの効果をあげたとはいえないというのが一般的評価であろう。米沢(1981a)でも明らかにされたように，企業の集約化・合理化も思うように進まず，過剰設備の廃棄は期待を裏切り，繊維業における企業業績は製造業平均を下回ったままである。通産省((1991)，第10巻第5章第9節)では，民間による再編成事業が推進されたイギリスに比較して，未だ，いっそうの構造改善が課題として残されていることを指摘している。

(3) 「特安法」と「産構法」

　1971年のニクソン・ショックから変動相場制への移行，73年秋の第1次石油ショックという経済環境の激変を受け，わが国は深刻な不況に陥った。景気は75年1〜3月期に底入れをしたものの回復は極めて緩やかなものであると同時に，業績や設備投資といった業況に業種間の大きな格差があらわれた。加工組立型産業は，好調な輸出に支えられて比較的早く業績が回復したものの，エネルギー価格の急上昇の影響をもろに受けた素材型産業の業績は，悪化したままであった。

　先に述べた繊維や素材型産業の業績の低迷は，政府のマクロ的な景気対策では解決が期待できず，逆にそれら産業がマクロ経済政策の足を引っ張ることが認識された。つまり，一群の構造不況産業の問題が存在し，それら産業においては，景気回復後においても過剰設備や失業問題等は解消せず，その対策を急ぐべきであることが認識されたのである。通産省は，「昭和53年度通商産業政策の重点」において，基本目標である景気振興の具体的課題として，「構造不況業種対策の推進」を掲げた。

　政府は，石炭鉱業や繊維産業といった個別の業種におけるそれまでの調整援助政策ではなく，より広い範囲の業種にわたって構造調整を図る必要があると，政策のスタンスを変更した。「特定不況産業安定臨時措置法」(以下，「特安法」と略称)は，このようにして78年5月に公布・施行された。特安法は，構造不況業種における過剰設備の処理を通じて需給調整を図り，経営の安定，不況の克服を目的としている。特安法の概要は図6-5のごとくである。まず，対象業種は平電炉等4業種の他，主務大臣が政令で定めるものとした。この政令指定に基づき，①設備の処理に関する事項，②設備の新設・増設等の制限または禁止に関する事項，および③事業転換その他の措置(雇用の安定を図るための措置を含む)に関する事項を内容とする安定基本計画を作成する。この基本計画に従って，各事業者は措置を自主的に行うよう努力しなければならない。しかし，自主的努力にもかかわらず基本計画の実施が困難である場合には，主務大臣は「共同行為」を指示できる。また，基本計画の実施に必要な資金を日本開発銀行の低利融資に依存すると同時に，雇

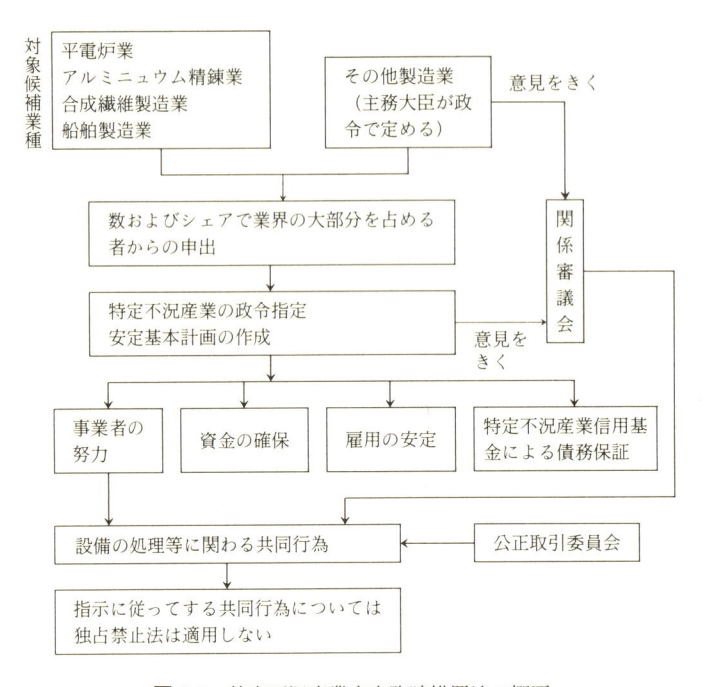

```
対象候補業種
┌─────────────────┐    ┌─────────────────┐
│ 平電炉業         │    │ その他製造業     │ 意見をきく
│ アルミニウム精錬業│    │ (主務大臣が政    │ ──────→
│ 合成繊維製造業   │    │  令で定める)    │
│ 船舶製造業       │    └─────────────────┘
└─────────────────┘
```

図 6-5 特定不況産業安定臨時措置法の概要

注) 非鉄金属工業の概況編集委員会『非鉄金属工業の概況』(1979 年 5 月)
p. 28 より,簡略化して作成した。

用の確保については,当該企業の措置以外に国および都道府県も努力すべきことが規定化された。

さらに,特殊法人として基金総額 100 億円の「特定不況産業信用基金」を創設し,設備処理に必要な借り入れの債務保証をすることとした(債務保証の規模は,1000 億円)。特安法の政令指定業種は,上記 4 業種を含め化学肥料や段ボールなど 14 業種にのぼり,8 業種において主務大臣の指示によるカルテルが実施された(合成繊維製造業 4 業種,アンモニア製造業,尿素製造業,梳毛製造業および段ボール原紙製造業)。指示カルテルによる過剰設備の処理は,基本的には,各企業比例配分方式(プロラタ方式という)で行われた。合併,営業譲渡,共販や受委託生産などによる事業の集約化,自主廃

業も行われた。その一方で，事業転換を行う際の設備資金については，日本開発銀行の低利融資制度の実績は7件，33億円に過ぎず，特定不況産業信用基金による債務保証は，合計100口補償金額232億円(うち，退職資金が73口補償金額148億円)と，ごく限られたものにとどまった(通産省(1991)，第14巻第6章第2節)。

特安法は，「特定不況業種離職者臨時措置法」(以下，「特離法」と略称)，「雇用保険法」および「特定不況地域中小企業対策臨時措置法」と連携して，産業調整を援助するものとされたが，とくに雇用2法の適用は，雇用保険の延長，賃金助成，および公共事業で雇用を吸収することを企図し，多額の財政援助がなされた。「特定不況地域中小企業対策臨時措置法」による緊急融資も，81年度末累計で427億円にのぼり，上位法である特安法による財政援助をはるかに超えたものであった。このことは，特安法による産業調整援助政策が，地域対策としての性格が強いことを示している。

特安法は，83年6月末までに廃止される予定の時限法であった。特安法では，過剰設備の23％が処理され，計画の95％に達したとされたが，79年からの第2次石油ショックもあり，素材型産業をはじめとして産業界を取り巻く環境はいっそう深刻なものとなり，産業調整援助政策は83年5月公布・施行の「特定産業構造改善臨時措置法」(以下，「産構法」と略称)へと引き継がれた。特安法の指定業種に，石油化学，洋紙，砂糖などの構造不況業種が追加され，過剰設備処理，事業の集約化，設備の新増設の制限などの構造改善の円滑な実施にあたり，独占禁止法との調整が図られることになった。産業調整の遂行にあたっては，企業の「自助努力を大前提に，これを誘導・支援するため，予算，税制，財政および独占禁止法との調整を含む法的措置からなる総合的な」スキームが必要とされた(通産省(1983)，p.13)。

これらのスキームは，信用基金を含め，基本的に特安法を引き継いだものであるが，雇用対策を中心とした地域対策がよりいっそう色濃く反映されている[8]。特安法のもとにおける特離法は，「特定不況業種・特定不況地域関係労働者の雇用の安定に関する特別措置法」(以下，「新特離法」と略称)に移行したが，それは主として，失業予防対策と離職者対策からなっている。

失業予防対策としては，休業，教育訓練または出向を行う場合，休業手当もしくは賃金を支払い，または出向先に対して賃金補助を行った事業主に対して，雇用調整助成金を支払うものである。休業の場合の助成は，手当の1/2(中小企業は2/3)，教育訓練の場合は資金の1/2(同)，出向の場合は補助額の1/2(同)，という具合である。この他に，再就職斡旋により労働者を受け入れる事業主に対しても賃金の一部補助が新規に行われた。「新特離法」に基づくこれら失業の予防対策の概要をまとめれば，

1.

助成の種類	支給対象者	助成内容
雇用調整助成金	労使間の協定に基づいて休業，教育訓練または出向を行い休業手当もしくは賃金を支払いまたは出向先事業主に対し賃金補助を行った事業主	イ　休業の場合 　　休業手当の1/2 ロ　教育訓練の場合 　(イ)　資金の1/2 　　　　(中小企業　2/3) 　(ロ)　訓練費 　　　　1人1日当たり640円 　　　　(準則訓練等　800円) ハ　出向の場合 　　補助額の1/2 　　(中小企業　2/3)

2．離職前訓練を実施する特定不況業種事業主に対する訓練期間中の賃金の一部助成(新規)
　　賃金助成率　　2/3(中小企業　3/4)
　　助成期間　　　6カ月以内
3．特定不況業種事業主の再就職あっせんにより労働者を受け入れる事業主に対する賃金の一部補助(新規)
　　賃金助成率　　1/4(中小企業　1/3)
　　助成期間　　　1年

のごとくである(通産省(1983)，p. 321)。

同様に「新特離法」による離職者対策としては，職業転換給付金(就職促進手当，広域求職活動費，移転費，特定求職者雇用開発助成金，訓練手当，職場適応訓練費からなる)が離職者に手当され，40歳以上の失業者に対しては失業保険の個別延長給付(90日間の延長)がなされた。離職者対策についてもその概要を示せば，

1．職業転換給付金

種　　類	支給対象者	支　給　内　容
就職促進手当	離職日において35歳以上の手帳所持者であって，一定の特定不況業種から離職したもの	2140円～4130円（最高1年）
	公共職業安定所長の指示した公共職業訓練を受けるために待機している手帳所持者	2140円～4130円
広域求職活動費	公共職業安定所長の指示により，広範囲にわたる求職活動を行う手帳所持者	運賃および宿泊料
移転費	公共職業安定所の紹介した職業につくため，または公共職業安定所長の指示した職業訓練を受けるために移転する手帳所持者	運賃および宿泊料
特定求職者雇用開発助成金	公共職業安定所の紹介により，45歳以上65歳未満の手帳所持者を常用労働者として雇い入れる事業主	1年間の賃金の1/4（中小企業は1/3）

訓練手当	公共職業安定所長の指示した職業訓練を受ける手帳所持者	基本手当 2400円～2940円 技能習得手当 寄宿手当
職場適応訓練費	知事の委託を受けた手帳所持者について職場適応訓練を行う事業主	手帳所持者1人につき月額1万6000円（最高6ヵ月）

2．失業保険の個別延長給付

40歳以上の手帳所持者であって，一定の要件に該当する場合には，雇用保険の基本手当給付日数が90日延長される。

基本手当：① 日額　前職賃金の6割～8割
　　　　　② 給付日数　90日～300日

のごとくであり，被雇用者本人の年齢に配慮し，生活費，スキル・アップの訓練費，求職活動費など広範な助成だけでなく，新規に雇用する事業主への助成といった地域政策の観点を取り入れ，きめの細かな包括的施策となっていることがわかる(通産省(1983)，p. 323)。

これら失業予防対策および離職者対策は，地域経済の急激な衰退を防止すると同時に，労働者個人の職能向上による流動化を通じて，労働需給のミス・マッチを解消することが主目的である。産構法は，その「解説」(通産省(1983))の参考資料にもあるように，OECDの積極的産業調整政策(PAP：Positive Adjustment Policies)に盛られた，個別産業の保護・援助という産業政策に対する国際世論からの厳しい批判を強く意識した体系となっている。

OECDのPAPでは，政府が，業績の悪化している個々のセクターや企業を保護・援助する場合の厳しい限定条件をつけている。政府が介入する場合には，措置は一時的であること，介入のコストを透明にすること，対象地域の特定の企業を利するものでないこと，一時的な雇用維持にのみ役立つような公共部門の雇用創出は縮小されるべきであること，国内および国際競争条

件を歪めないこと等，が条件である。OECD 諸国においてそれまでとられてきた「勝者を選ぶ(Picking Winners)」保護・育成政策がしばしば保護貿易主義に陥り，技術や需要の変化に合わずに失敗した反省の上に立っているのである。

(4) アルミニュウム精錬業

アルミニュウムは，軽量で耐食性等の性質に優れ，自動車や家電製品に利用されるなど，広範な用途をもった，国民経済に不可欠で有望な素材であるとされてきた。それら産業への素材供給を担うアルミニュウム精錬業は高い成長が見込まれ，1970 年代に，各社は生産能力を増強した。しかし，アルミニュウム精錬業は電力多消費型産業であり，原料のボーキサイト，アルミ塊共に国際市況の変動の激しい商品である。第 1 次石油ショック後，精錬業各社は深刻な不況に陥り，76 年前期の減産率は 40％にものぼった。関税 9％の半額免除により，設備処理に対する利子補給などの援助を施したが，アルミ精錬業の不振は続いた。78 年には特安法の指定業種となり，精錬能力を年間 164 万トンから 111 万トンに縮小する基本計画を策定した。産構法が成立した 83 年当時の残存精錬能力は 71 万トンであったが，すでに 82 年度の内需 167 万トンに対して，生産は 30 万トンに過ぎなかったから，業界全体ではこの時点ですでに 41 万トンの過剰能力を抱えていたことになる。

通産省はアルミニュウム地金の安定供給を図るために，70 万トンの生産能力を確保し，国際市場での「バーゲニング・パワー」を確保することを期待した。産構法においては特安法に続き，アルミニュウム地金の関税(9％)の半分が設備処理量を限度として免除され，火力発電所のコスト削減のため，補助金(83 年度だけで 93 億円)および開銀融資(同 190 億円)が投入された。しかし，日本軽金属を除き，昭和軽金属，住友アルミ，三菱軽金属，三井グループの精錬各社はすべて精錬業から次々と撤退し，2 次加工以降に特化しており，97 年度には 249.7 万トンを出荷している(東洋経済新報社(1999))。安定供給とバーゲニング・パワーの確保を目指した通産省の精錬業の保護と調整援助政策は，多額の財政資金の投入にもかかわらず，国際分業の論理の

前に失敗した。その一方で、アルミ各社は自ら合理的にその進路を選択したのである。

(5) 「産構法」から「産業再生法」へ

産構法のもとで構造不況と認定された産業の設備の共同廃棄・雇用調整はそれなりに進んだようにみえたが、工場の売買や企業再編といった市場原理による需給ギャップの調整は不十分なものであった。「特安法」から「産構法」に引き継がれた構造不況業種における過剰設備能力の処理は、1985年9月のプラザ合意以降の急激な円高をはじめとする国際経済情勢の変化のなかで、いっそう重い課題となった。政府は、87年に「産業構造転換円滑化臨時措置法」(以下、「円滑化法」と略称)を制定し、

(1) 設備能力の過剰状態にあり、その状態が長期にわたり継続すると見込まれる設備(特定設備)を所持する特定事業者(鉄鋼業、繊維業等)に対する支援、
(2) 特定事業者への依存の高い特定地域における工場等の新増設および第3セクターによる地域活性化事業(特定出資法人事業)に対する支援、

を企図した。

その一方、産構法のもとで設立されていた低利融資や債務保証を行う「信用保証基金」はNTT(旧電電公社)の株式売却益をあてにした「民間事業者の能力活用による特定施設の整備の促進に関する臨時措置法」(以下、「民活法」と略称)の制定(86年5月)に伴い、「産業基盤整備基金」と名を変え、民活法だけではなく円滑化法による事業再構築の促進や新規事業の創出、地域活性化事業等多岐にわたる金融面での債務保証・出資・利子補給、情報提供を行う機関へと業務を拡大している。

「円滑化法」は96年5月末までの廃止が予定されていたが、95年3月制定の「特定事業者の事業革新の円滑化に関する臨時措置法」(以下、「事業革新法」と略称)に改正され引き継がれた(96年5月29日)。事業革新法にお

いては，対象となる業種(これを「特定業種」という)は鉱業・製造業の他に，それらと関連性の高い小売業もしくは卸売業へと拡張され，これら業種に属する特定事業者がその従業員の知識および技能，設備，技術等を活用して行う事業あるいは方式の変更を「事業革新」とし，これを円滑化するための援助措置が広範に用意されている。複数の特定事業者が事業革新を行う場合には，公正取引委員会との調整が行われ，新事業の開拓に対しては日本開発銀行等からの低利融資，産業基盤整備基金による債務保証や「中小企業信用保険法」を用いた保険による債務保証の枠拡大などの金融的支援がある。さらに，特定事業者が新たに取得した機械その他に対しては租税特別措置法により特別償却が可能で，税負担の軽減措置も盛り込まれた。

このように，過剰生産設備の再編成を目指した特安法および産構法は，さらに新規事業への資源配分を企図した円滑化法および事業革新法へと徐々にその性格を変えながらも引き継がれてきた。しかし，これら措置法が目的とした経営資源の円滑な調整は遅々として進まず，バブル経済後の長引く不況期で過剰設備はGDPの1割にも及び，生産性上昇率もOECD平均以下と低迷した(87〜93年)。80年代後半から90年代前半にかけて，アメリカ企業が経営資源をドラスティックに「選択と集中」配分し，事業の再構築を進め生産性上昇を実現したことに較べて，わが国産業の対応は大幅に遅れた。

そこで政府は，企業の資源配分を低生産性部門から高生産性部門へとシフトさせるためのよりいっそう強力なインセンティブをもった産業政策を必要とし，99年「産業活力再生特別措置法」(以下，「産業再生法」と略称)を制定，10月1日より施行した。通産省による「産業活力再生特別措置法の概要」には，同法の目的が次のように表現されている。すなわち，「わが国の今後の労働投入量，資本投入量の伸びの限界を考えれば，21世紀型経済発展は『生産性向上』(資本や労働の使われ方の改善による産出量の伸び)に頼らざるを得ない。本法案は，低生産性部門から高生産性部門への経営資源の迅速かつ円滑なシフトを図り，<u>生産性を抜本的に改善していくための一群の政策パッケージを用意し</u>，わが国産業活力の早期の再生を期すものである」(下線は松本による)。

同法は，以下の(1)〜(3)の3つの柱よりなる。すなわち，

(1) 事業再構築の円滑化
　① 事業構造変更(事業ポートフォリオの組み替え)：イ)合併，営業・資産の譲受，会社の買収，他社との合併，増資等を通じた中核的事業の開始，拡大や効率化，ロ)施設・設備の廃棄，営業・資産の譲受，子会社の売却・精算等を通じた事業の縮小・廃止
　② 事業革新(新たな分野・新たな方式への挑戦で，従前の「事業革新法」を継承する部分)：イ)新商品・新サービスの開発・生産・提供により，商品・サービスの構成を相当程度変化させること，ロ)新たな生産方式の導入または設備能率の向上により，商品の生産を著しく効率化させること，ハ)新たな販売方式またはサービス提供の方式の導入により，販売またはサービス供与を著しく効率化し，または新たな需要を相当程度開拓すること，ニ)新たな原材料の使用または調達方式の導入により，生産費用を相当程度逓減すること

と，非常に多様な事業内容が盛られている。

このための支援措置もこれまでにないほど手厚く多様なもので，事業の再構築化の円滑化の支援措置として，

A．税制上の特例
　① 欠損金の繰延(7年)と繰戻(1年)の選択適用※
　② 共同出資子会社(持分25％以上)への譲渡益課税の繰延※
　③ 事業用資産の買換(80％の圧縮，自治体等への譲渡は90％の圧縮)※
　④ 新規設備投資への特別償却(不況業種に限る)
　⑤ 登録免許税の軽減※
　⑥ 不動産取得税の軽減(税額の1/6を軽減)※
　　　※事業構造変更と事業革新の両方を行う場合に限る

B．商法上の手続きの簡素化
　① 現物出資による分社化の際の「検査役制度」の特例
　② 営業の全部の譲受に関する特例

③　営業譲渡の際の債務の移転に関する特例
C．財政・金融等の措置
①　政策金融(政策投資銀行等による融資)
②　産業基盤整備基金
③　グループ内子会社(95%以上)の取締役・使用人にまでストックオプションの対象範囲を拡大
④　債務の株式化に関する環境整備(優先株発行限度枠を1/2に拡大)

がある。

(2)　創業および中小企業者による新事業の開拓の支援

わが国の中小企業や個人には未利用の経営資源が多くあり，未利用の技術，人材等の潜在的経営資源を有効活用するために，創業・ベンチャー企業へのリスクマネーの供給を強化することが支援措置の目的である。中小企業者による「経営資源活用新事業」の計画は，都道府県知事の認定を受けて支援対象となるが，「創業」については，個人あるいは会社設立による創業を行うものはとくに認定を要せずに支援対象とされる。

創業および中小企業者による新事業の開拓にとって最大のハードルは資金調達であるとの認識に立ち，支援措置には，

①　中小企業近代化資金等助成法による無利子の設備資金貸付
　・創業者の貸付対象への追加(貸付割合1/2)
　・償還期限の延長(5年→7年)
　・認定中小企業者につき貸付割合の引き上げ(1/2→2/3)
②　中小企業信用保険法による債務保証制度の拡充
　・創業者向け無担保保険の特別保証枠創設：新たに1000万円(既存措置との合計で2000万円まで)
　・認定中小企業向け各種保険限度額の別枠化：
　　普通保険　　　　2億円　　→(2億+2億)円
　　無担保保険　　　5000万円　→(5000万+5000万)円
　　特別小口保険　　1000万円　→(1000万+1000万)円
③　中小企業投資育成株式会社法の特例：資本金1億円超であっても投資

の対象とする。

(3) 研究活動の活性化等

大学から民間企業に特許権を帰属させることにより，大学から産業界への技術移転と産学連携，ベンチャー企業群の創出を目的にした施策であり，

① 従来，政府の委託研究を通じて得られた知的財産権は100％国に帰属していたが，今後はすべての委託研究開発による知的財産権は，100％受託企業に帰属させうることとなる。

② TLO(大学の技術移転機関)を活性化し，技術移転事業を行う際に送付すべき特許料(年金)および審査請求手数料の1/2を減額する。

のごとくである[9]。

これらの内容からわかるように「産業再生法」は，それまでの各種措置法と異なる大きな特色がある。それは第1に，産業調整援助と新規事業の開拓支援を同時に進行させようとしていること，第2に，従来の業種単位を主体とした支援対象を個人を含む企業単位の支援へと転換したこと，第3に，これまで不況業種を主としてきた支援対象業種の制約がなくなったこと，そして第4に，これまでの措置法による支援内容をいっそう手厚くかつ支援を要請する企業の利便性を高めたことである。

とくに支援対象業種に制約を設けなかったことは，わが国産業の全般的な過剰設備の解消が景気回復の観点からも焦眉の急であることを示しており，営業譲渡や子会社の精算等に関わる欠損金の処理や新規投資への特別償却にかなりの利便性があり，経営資源の移動コストをかなり逓減させるものと期待できる。事実，認定事業再構築計画は，住友金属，三菱自動車，キタムラ，宇部興産，三井化学，トヨタ自動車，大日本インキ化学，長崎ユニチカ，小松ゼノア，日本板紙，資生堂および資生堂ファイントイレタリー，東京エレクトロン，ジャックおよび日本エーエムなど，流通関連まで含む多岐の業種にわたって提出・認定されている(2000年5月8日時点で30件)。これらの事業再構築計画が単に低生産性・不採算部門の切り捨てによる企業収益の向上に終わるのか，より積極的に企業組織の変革や新たな生産方式の革新・新

商品の創造へと結びついて，サービス部門まで含めたわが国産業全体の生産性上昇をもたらすものかどうか注目されるところである。

6.4 調整援助政策の時間的非整合性

　石炭鉱業，繊維産業における個別産業への保護・調整援助の施策でも，特安法・産構法による構造不況業種への包括的な保護・調整援助政策の実施においても，民間企業は，自らの合理的選択によって設備調整を行い，政府の期待したものとは異なった結果をもたらした。その結果，時限法のほとんどは延長に次ぐ延長となり，投入された財政資金は当初の計画を大幅に上回った。

　民間企業は，政府の直接的な介入を嫌い，設備調整や生産数量カルテルに依存した施策の場合でも，違反企業に対する罰則規定はほとんど適用されることはなかった。なだらかな調整を企図した石炭鉱業においては，交付金の増額を当て込んだ駆け込み閉山が生じ，「なだれ閉山」がみられた。石炭鉱業に対する保護・調整援助政策は現在もなお引き継がれている。中小零細規模の事業所が圧倒的に多い繊維産業においても，度重なる設備廃棄の補助金支出が繰り返されているにもかかわらず，ごく一部の業種を除いては設備数の削減は進まず，企業業績も改善されてはこなかった(米沢(1981a))。特安法を根拠とした構造不況業種の指定により，広い産業にわたった構造調整援助政策も，5年間の時限法が産構法と改正され5年間延長された。アルミニュウム精錬業においても，民間各社は1社を除き，政府が期待した精錬能力を維持することを止め，2次以降の加工メーカーとして業容を拡大した。

　このように，各種の産業調整援助政策は，それらを支える時限法を次々と延長し，当初の計画よりも多くの財政資金を投入してきた。補助を受ける民間企業は，それが抜け穴探しとも受け取られかねないものであっても，合理的に行動し，補助の継続を勝ち取ってきた。

　これらの事実は，政府の産業調整援助政策は，民間の自主的調整を援助するという建前から罰則規定をほとんどもたず，政策に対する強い信任が得ら

れなかったことを物語っていよう。このようなケースは，政策の「時間的非整合性」(Time Inconsistency) として知られている[10]。

　Kydland and Prescott (1977)で示された例を紹介しよう。今，洪水地帯がありその地域の洪水を制御するのにはかなりのコストを要することから，住宅の建設は社会的に望ましくないとする。整合的な政策は，もしも誰かが住宅を建設しても，政府は決してダムや堤防を築かないことである。この政策に信頼が置かれれば，住民はその地域には住もうとはしないだろう。しかし賢い人々は，多くの住民がその地域に家を建てたとき，政府はきっと洪水対策を施すだろうということを知っている。結局，洪水地帯に建築してはいけないということを法律ではっきりと表明していない限り，住宅は建設されようし，それに伴っていざというときには，政府は軍隊を派遣してでもダムや堤防を築かなければならないはめになろう (p. 477)。人々が洪水地帯に住んでしまえば，望ましい政策は，それまで経済厚生的に最適と考えられていたものとは異なり，ダムや堤防を築くことになってしまうのである。その場合，政府の意思決定の変更は，民間主体の抜け駆け的行動にさらなる誘因を与え，財政負担はますます大きくなることが考えられる。

　このように，援助される側が政府の援助政策に時間的非整合性を期待できるのであれば(！)，彼らにとっては，さらなる政府の援助を期待して調整速度・方法を決定することが合理的となる。経済主体が政策を所与として意思決定し，政策と整合的であるように行動する場合に社会的な調整コストは安くつく。経済主体の意思決定をそのように促す政策が時間的整合性をもつのであり，将来の政策(の変更)が主体の現時点の意思決定を左右してはいけないのである。

　Kydland and Prescott (1977) は，政策の時間的非整合性を以下のような定式化により論じている。第 i 期の政策を π_i，政策対象となる民間経済主体の意思決定を x_i とする。社会全体の目的関数は，期間を 1, $\cdots$, T として，

$$S(x_1, \cdots, x_T, \pi_1, \cdots, \pi_T) \qquad (6\text{-}6)$$

と定義できよう。ところで，民間経済主体の意思決定は，政策を所与として，

過去の意思決定と過去から当期までの政策に依存するだろう。期間を2期に限定すれば，彼らの意思決定は，

$$x_1 = X_1(\pi_1, \pi_2) \qquad (6\text{-}7\text{-a})$$

$$x_2 = X_2(x_1, \pi_1, \pi_2) \qquad (6\text{-}7\text{-b})$$

とあらわされる。最適な政策の実行は，(6-7-a)および(6-7-b)の制約のもとに2期間にわたる社会全体の目的関数，

$$S(x_1, x_2, \pi_1, \pi_2) \qquad (6\text{-}8)$$

を最大化するものである。第2期の政策が整合的に実施されるためには，過去の政策と第1期の意思決定を所与として，π_2 が(6-8)式を最大化するものでなければならない。すなわち，

$$\frac{\partial S}{\partial x_2}\frac{\partial X_2}{\partial \pi_2} + \frac{\partial S}{\partial \pi_2} + \frac{\partial X_1}{\partial \pi_2}\left[\frac{\partial S}{\partial x_1} + \frac{\partial S}{\partial x_2}\frac{\partial X_2}{\partial x_1}\right] = 0 \qquad (6\text{-}9)$$

であるが，π_2 が時間的に整合的な政策であれば，π_2 の x_1 への影響はないはずである。(6-9)式の第3項で直接的影響がなく（$\partial X_1/\partial \pi_2 = 0$），間接的影響がない（$\partial S/\partial x_1 + \partial S/\partial x_2 \cdot \partial X_2/\partial x_1 = 0$）場合に，政策は時間的に整合的であり最適であるということである。

　先の例を用いれば，当初，政府が洪水地帯にダムや堤防を築かないといっており，民間もそれを信じてその地域に住宅を建設しなければ，社会的には望ましい（コストが最も少なくて済む）状態が得られ，政府の態度は時間的に整合的である。しかし，政府が第1期には決してダムや堤防工事を行わないとしていても，住宅を建ててしまえば政府は防災工事を行ってくれるだろうと期待させてしまうような場合には，政府に対する信頼の揺らぎが民間の第1期の意思決定に影響を与え，時間的に整合的な政策とはならなくなってしまうのである。

　Tornell (1991)のモデルでは，衰退産業への調整援助が資本設備の合理化投資に対する補助である場合，予定された政策期間の後でも，何らかの補助の継続が期待できる場合には，企業にとって最適な行動は，過少な調整しか

行わないものであることが明らかにされている。過少な設備の調整は，限界生産力の低い労働力を雇用し続けることを意味し，企業の負担するコストを重くする。その一方で，資本設備を維持することにより，延長された援助を受け取る利益がこのコストを超えることが可能となり，当初の計画よりも過少な設備の調整が合理的なものとなり，政策は時間的非整合性をもつのである。わが国の繊維産業の場合において典型的だが，調整援助政策が保有設備の処理に対する補助を主としており，当初は時限的であるとされる政策も，地域経済の維持などという大義名分により次々と延長されることが期待されるのであれば，企業にとっては，合理化のために必要なだけの設備調整を行わないことも，十分な理由があるのである。

6.5　むすびにかえて

わが国の産業調整援助政策は，石炭や繊維にみられたように，部門特定的 (targeting) な調整援助政策から始まった。政府は，それら産業のなだらかな調整を期待したが，石炭鉱業で失敗し，繊維産業においても企業の集約化や過剰設備の処理は計画通りには運ばなかった。そのため，5年ほどとされた各種の時限法は次々と延長されることになった。その間に投入された財政資金は，単に通産省関係のものだけではなく，雇用対策をはじめ，地方公共団体の支出をも含む，包括的で膨大なものであった[11]。

当初の産業調整援助政策は，石炭鉱業や繊維産業といった，国際競争力が弱くなった衰退産業に対する，生産性の向上を目的とした合理化と，地域経済の急激な衰退に対する手当が主であり，個別産業における調整に対するものであった。しかし，1970年代からは，石油ショックと為替の自由化を経て，いわゆる「構造不況業種」の認識のもとに広い範囲の業種と地域，そして労働者に対する調整援助の方策がとられた。これは，OECDなどによる，特定産業の保護に反対する国際世論の高まりにも配慮したものであったであろう。しかし，特安法による包括的調整援助政策も，時間的整合性の観点からは成功したとはいえず，産構法による政策へと延長された[12]。

わが国は，バブル経済崩壊後の90年代後半からの長引く不況にあって，上述と同様の雇用対策がとられている。しかし労働需給のミス・マッチは解消したとはいえず，完全失業率は2000年2月に一時的ではあるが，戦後最悪の4.9％に達した。その一方で，IT（情報技術）革命に伴う高度な情報技術をもった労働力が求められている。これまでの調整援助政策は，地域の衰退をおそれるあまり，雇用維持的な政策手段に偏ってきたのではないだろうか。そのことがますます調整速度を鈍らせ，財政負担を重いものとしてきたのである。企業の雇用慣行のみならず社会システムの大幅な改革なくしては，これまでの各種の対策が効果をあげえないことも明らかになっている。

99年10月1日施行の「産業再生法」は，産構法などのこれまでの産業調整援助政策を思い切って，個別企業における経営資源の高生産性部門へのシフトに金銭的インセンティブを与える多様で包括的な援助政策に集大成したものといえる。産業再生法では，不況業種であるかどうかの制約も，規模の制約も取り払われ，業種の別なく個別企業が資源のシフトに伴うコストを大幅に軽減できる一方で，個人および中小企業に眠っているであろう未利用資源の有効活用による雇用機会の創造を企図している。しかし，同法の金銭的インセンティブが旧来の企業の事業再構築に主眼をおいていることは明らかであり，企業の分社化や事業譲渡に大きな利便性が付与されている。それらが単に低生産性部門の切り捨てによるリストラを通じて企業の生産性上昇・利益の確保に終わるのであれば，第4章で指摘したように，サービス部門の"bad jobs"就業者が増加することにつながり，産業調整の援助政策が結局はさらに大きな調整コストを残すことになりかねない。そのようなおそれを現実のものとさせないためには，事業再構築の先にあるべき企業組織・産業構造の将来像を描くことが不可欠であろう。国民経済厚生の観点から，調整のコストに十分に配慮した，保護主義的でない産業調整政策の整合的な展開が求められているのである。

1) 以下の輸入関税による産業保護の説明には，伊藤・大山（1985）第5, 6, 7章を参

考にしている。
2) この場合の生産者余剰は，納税者から保護企業への所得の移転であるが，生産者余剰はすべて分配されるという前提に立つから，保護期間中の社会全体の費用は面積 S_0BCp^* となる。
3) 図6-2のごとく，自国の被保護産業が成功裏に費用条件の改善(供給曲線の下方シフト)を実現したとしよう。国内価格を国際価格水準 p^* と同じにした場合，自国企業の供給量は p^*E，外国からの輸入は EF である。その場合の消費者余剰の大きさは，DFp^* であるが，これは自由貿易の場合に社会が享受できる経済厚生である。価格が p に規制され，保護されている期間中の消費者余剰は，面積 $DF''p$ であり，保護期間中の消費者余剰の損失分 $pF''Fp^*$ を，将来受け取る利益(の割引現在価値)が上回っていなければならない。
4) 外部効果がある産業の保護による経済厚生の分析については，伊藤他(1988)が詳しい。
5) これより先，1955年「石炭鉱業合理化臨時措置法」の制定により，炭坑の合理化(コストの低減と炭質の均一化)と標準炭価・支持による共同行為によって，「増産を通じた合理化」を目標に供給条件のコントロールが図られた。しかし，スクラップ・アンド・ビルドを中心とした増産・合理化政策は，石油との価格競争上の不利がはっきりし，政策転換がなされ(59年)，石炭鉱業は「構造不況業種」へと位置づけられたのである。

「炭鉱離職者臨時措置法」の制定に伴い，「炭鉱離職者援護会」が設立された。同会は60年から業務を開始したが，その主な業務は，炭鉱離職者に対する移住資金の支給，職業訓練手当の支給，炭鉱離職者を雇い入れる事業主に対する補助，生活資金の借り入れの斡旋等であり，61年には新たに発足した雇用促進事業団に吸収された。また，閉山により失業した労働者には，一般の失業者よりも長期の(およそ2倍の期間の)失業手当が支給され，炭鉱離職者の失業者手帳は「黒手帳」と呼ばれた。
6) 石炭鉱業の調整政策では，1966年に閣議決定された第3次石炭鉱業安定対策において，石炭鉱業各社が抱える1000億円にのぼる債務を財政資金で「肩代わり」するという，前例のない施策に踏み切り(通産省(1991)，第10巻第6章第2節)，その法律的裏付けとして「石炭鉱業再建整備臨時措置法」が制定された(当時の政府一般会計予算は，およそ4兆5千億円である)。同法に基づいて元利補給金が67年9月にはじめて交付されたが，翌10月には早くも，交付された企業が事実上倒産した。そのような事態を受けて，68年には第4次答申が策定され，石炭鉱業の再建整備と共に，終閉山の円滑化が課題として掲げられ，そのための「閉山交付金制度」の改善が，逆に駆け込み的な「なだれ閉山」を引き起こし，調整コストをいっそう高くした。
7) 繊維業界は，当面の不況を克服するための緊急避難的行為として，1965年9月に不況カルテルを公正取引委員会に申請し同月認可された。独禁法に基づく初の不況カルテルは，当初65年10月1日から66年4月31日までの予定であったが，9カ月間延長され，さらに67年3月まで延長された。

8) 特定不況産業信用基金は,「産構法」のもとで「特定産業信用基金」と名を変えて存続したが,そのスキームは以下のごとくである(通産省(1983), p.371)。

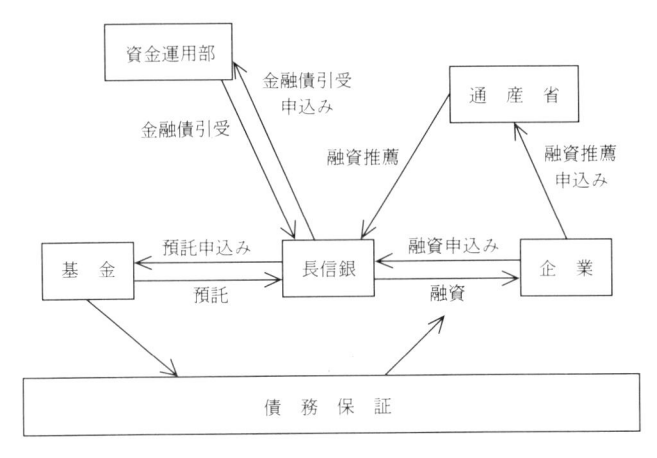

図 6-6

9) 以上は,通産省ホームページに掲載の「産業活力再生特別措置法について(紹介)」および「産業活力再生特別措置法の概要」を参考にした。申請期間は一応,2003年5月31日までである。
　また,事業再構築計画は特定部門の雇用の縮小を伴うことが避けられない場合がほとんどであるから,産構法の場合と同様,雇用対策上の支援措置(「業種雇用安定法」に基づく特例事業所制度の活用)が図られている。その支援措置は以下のごとくである(通産省「産業活力再生特別措置法の概要」より)。
① 労働移動雇用安定助成金:出向・再就職あっせんにより労働者を受け入れた事業主または事業転換を目的として事業部門の設置・整備を行い,労働者の配置転換を実施した事業主への助成
　・賃金助成…負担額の1/4(中小企業1/3)　1年間助成
　　※2000年9月までは1/3(中小企業1/2)
　・移転費助成　等
② 労働移動能力開発助成金:出向,再就職あっせん,事業転換等に伴う配置転換前後に教育訓練を実施する事業主への助成
　・賃金助成…負担額の2/3(中小企業3/4)　1年間助成
　・訓練費助成…訓練費用の2/3(中小企業3/4)　限度額1人10万円
10) 経済政策の時間的非整合性を,中央銀行の金融政策の「ルール」対「裁量的政策」の是非という観点から取り上げ解説したものに,藤原(1999)がある。
11) 産業調整援助のコストが極めて高くついたことは,すでに,鶴田(1982,第8章),

米沢(1981a),山澤(1984)で指摘されている。
12) Carliner (1986)は,特定産業に対するわが国の調整援助政策に対して,各種の補助や政府の綿密な斡旋による生産調整が,調整コストを低下させたと,好意的な解釈をしている。しかし,Tornell (1991)も指摘するように,アルミ,重化学,鉄鋼をはじめいくつかの産業で幾度となく保護主義が台頭し,国際世論の批判にさらされてきたことは明らかである。

第7章　地域の産業政策立案に向けて

7.1　はじめに

　これまで，イギリスの脱工業化過程での経済の停滞，さらにはわが国の経済のサービス化プロセスにおいて進行した就業構造，産出構造および職業構造の変化をみてきた。経済が成熟化した段階に至れば，工業部門(「もの部門」)の活動シェアが低下し「サービス部門」のシェアが増すが，サービス部門は相対的に生産性上昇率が低く，経済全体の成長率の低下が結果するおそれがある。その段階でもの部門の国際競争力が衰えれば，もの部門から資源が流出しシェアがいっそう縮小するから，もの部門から吐き出された就業者をサービス部門が吸収できなければ，失業は急増し，ネガティブな脱工業化という結果になる。1960年代半ばに脱工業化が始まったとされるイギリス経済においてみられたのは，このネガティブな現象であった。

　ただし，イギリスはサービス部門で国際的に比較優位にあり，もの部門の大きな貿易赤字の相当割合をカバーしている。これに較べてわが国のサービス部門の国際競争力は著しく劣っており，ネガティブな結果をもたらさないためには，経済のサービス化の進行にあってもの部門の高付加価値化・国際競争力の強化を政策的に追求することが必要である。それと同時に，サービス部門の生産性の上昇を通じた両部門の相互依存関係の強化により，経済全体のパフォーマンスの向上を図るべきことが要請される。事実，第3章で明

らかにされたように，わが国におけるもの部門からサービス部門への影響力は強まり，その一方でサービス部門の経済全体に及ぼす影響力もまた強まっている。

第4章における分析は，それら部門間の相互依存関係の強化を就業構造および職業構造の変化から改めて確認したものである。確かに，全国的にみればもの部門の効率化・高付加価値化へ向けてもの部門における業務の外部化が進んでおり，サービス部門においても，高度な専門的・技術的職業のウェイトが高まっている。他方，販売や保安・サービスといった比較的単純な職業の就業者数も増加している。これら職業の就業者の増加は，もの部門において外部化された業務が拡大した部分だけでなく，サービス部門それ自体の成長から派生した業務の増加に対応した部分が加わった結果である。産業の高度知識集約化・高付加価値化に要請されてサービス部門就業者が増加している一方で，未熟練で低生産性の職業従事者も増加しており，経済のサービス化が必ずしも産業の高度化と同義ではないこともこれまでに明らかにされた。

サービス部門就業者が最大の構成比率を占めるという意味で，経済のサービス化が最も進んでいるアメリカ経済において，サービス部門就業者が高いレベルの専門的職業と低生産性・低賃金のサービス職業とに二極分化し，後者の"bad jobs"と呼ばれる種類のサービス労働従事者が増加していることはIlleris(1996)で指摘されている(p. 161)。わが国におけるサービス部門就業者比率の増加が，アメリカ経済におけるサービス化と似かよったルートをたどるおそれがないとはいえない。

そうして，これらの問題は地域経済にとってこそ重要である。第4章でみたように北海道では全国に比してサービス部門のウエイトが高く，同部門でも比較的単純な技能の職業従事者の割合が高い水準で推移している。このことは，全国に比して著しく低い製造業のウエイト，高い移入依存度，そして最終需要の本州への流出を強く意識し，そのために本州からの企業誘致を大きな課題として掲げてきた北海道の産業政策に，なお考慮に入れなければならない大きな要素があることを物語っている[1]。以下では，地域，具体的に

は北海道における産業政策を考える際に是非とも重視すべきことがらについて考えるところを述べて終章としたい。

7.2 サービス化と地域の産業連関

すでに第3章において，イギリスのネガティブな脱工業化がもの部門の縮小だけでなく，産業連関度の相対的低下とサービス部門における産業連関の影響力の強化となってあらわれており，日本におけるポジティブな脱工業化と好対照をなしていることをみた。またわが国産業が，ニクソン・ショックや石油ショックを含んだ期間に非常な速さで構造調整を行ってきていることも明らかにした。しかし，そのような全国的な動向の裏側で，構造調整に取り残されている部分－地方－があることもまた忘れてはならない。その例として北海道を取り上げ，北海道におけるもの部門とサービス部門との相互依存関係がどのように変化してきたかを，全国の動きと較べてみる。このことにより，全国的な経済のサービス化が進行するなかで，単に企業誘致による雇用創出という「工業」開発に依存しない，北海道の産業政策をはじめ地域政策の新たな視点が得られるものと期待するのである。

ところで，全国と比較した北海道の産業構造の概略についてはすでにみてきたとおりである。ここでは，産業連関表を用いてさらにその特徴を分析する。5年ごとに作成されている「北海道地域経済の産業連関分析」(北海道通産局)の産業連関表から，第3章と同様，27部門表に作成し直したものにより，各産業の生産額シェア(%)および逆行列係数縦計(列和)の数値を表7-1に示す(表の左の数値は，産業の分類番号である)。ただし，表の右2列には，比較のため全国の数値(1990年)を示した。

もの部門のシェアは1970年には61.808%であったものが90年には46.139%まで下落した。第4章でみた就業構造と同様，全国の動向に先駆けてもの部門産出額のシェアが縮小しサービス部門のシェアが拡大してきたのであるが，よりいっそう注目しなければならないのは，逆行列係数の全国との比較である。各産業における逆行列係数の縦計(列和)を全産業の逆行列係

表7-1 北海道における生産額シェア(%)と逆行列係数縦計(列和)

	部門名	北海道 1970年 シェア	逆行列	北海道 1975年 シェア	逆行列	北海道 1990年 シェア	逆行列	全国 1990年 シェア	逆行列
1	農林水産	12.919	1.379	9.605	1.356	7.437	1.386	2.057	1.676
2	鉱業	1.728	1.405	1.314	1.453	0.515	1.455	0.249	1.709
3	食料品	9.865	1.854	8.668	1.822	9.464	1.741	4.509	2.067
4	繊維製品	0.620	1.429	0.404	1.435	0.270	1.358	1.682	2.136
5	木材・家具	3.326	1.854	2.275	1.758	1.714	1.655	1.066	2.075
6	パルプ・紙	4.475	1.980	3.152	2.050	2.573	1.684	1.137	2.224
7	化学製品	0.825	1.609	0.470	1.470	0.426	1.431	3.045	2.164
8	石油・石炭	0.954	1.567	2.794	1.350	1.748	1.282	1.281	1.365
9	プラスチック・ゴム	0.121	1.370	0.253	1.373	0.373	1.309	1.725	2.176
10	窯業・土石製品	1.290	1.739	1.363	1.632	1.140	1.547	1.178	1.823
11	鉄鋼	7.612	2.333	4.386	2.092	1.253	1.781	3.138	2.583
12	非鉄金属	0.279	1.601	0.242	1.735	0.023	1.225	0.918	1.911
13	金属製品	0.911	2.013	0.805	1.771	1.131	1.525	1.936	2.096
14	一般機械	1.471	1.640	1.194	1.565	0.539	1.365	3.680	2.158
15	電気機械	0.338	1.444	0.306	1.444	0.383	1.335	5.874	2.224
16	自動車	0.810	1.365	0.974	1.393	0.184	1.218	4.621	2.824
17	他の輸送用機械	0.752	1.637	0.722	1.543	0.183	1.357	0.603	2.323
18	精密機械	0.055	1.351	0.037	1.408	0.019	1.291	0.542	1.976
19	他の製造業	0.233	1.463	0.097	1.470	0.121	1.459	0.662	2.075
20	建築土木	11.790	1.642	14.019	1.556	14.237	1.488	10.309	1.940
21	電気・ガス・水道	1.434	1.276	1.715	1.406	2.405	1.364	2.486	1.511
22	出版・印刷	0.628	1.594	0.660	1.555	0.872	1.437	1.362	1.942
23	商業	8.133	1.320	9.911	1.340	10.444	1.312	9.525	1.461
24	金融・保険・不動産	7.293	1.233	8.889	1.357	9.018	1.203	9.404	1.328
25	運輸・通信	4.275	1.264	5.176	1.349	7.121	1.349	5.258	1.559
26	サービス	15.081	1.451	16.037	1.418	21.531	1.318	19.393	1.682
27	公務	2.783	1.000	4.533	1.313	4.875	1.248	2.359	1.486
	もの部門小計	61.808	33.948	54.794	33.082	46.139	30.255	52.699	43.036
	サービス部門小計	38.192	7.862	45.206	8.332	53.861	7.867	47.301	9.459
	内生部門計	100.000	41.811	100.000	41.414	100.000	38.122	100.000	52.495

注) シェア(%)は生産額について。逆行列は各産業逆行列係数の縦計(列和)である。もの部門は、1から21までの21産業、サービス部門は22以降の6産業により構成される。

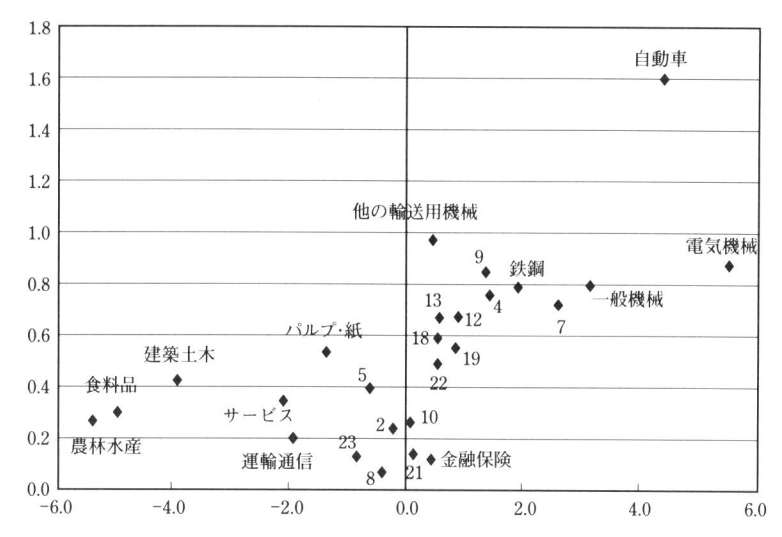

第 7 章　地域の産業政策立案に向けて　179

図 7-1　全国と較べた北海道各産業の生産額シェア(%)および逆行列係数(1990年)

注）　横軸が各産業の生産額シェア(%)について，全国マイナス北海道，縦軸が各産業の逆行列係数縦計(列和)について，全国マイナス北海道，である。また図中の番号は，表7-1の産業分類番号である。

数の［総合計／部門数］で除したものが，その産業の影響力係数であることを考慮すれば，北海道におけるもの部門の生産額シェアが低いことが問題なのではなく，産業連関におけるもの部門の影響力が全国水準と比してあまりにも低いことが問題なのである。一方，北海道のサービス部門の生産額シェアは70年の38.192％から90年の53.861％へと拡大したが，サービス部門の逆行列係数は全国水準と較べて1.4ポイントも低い水準にある。全国に比して活動ウエイトの大きなサービス部門において産業連関の影響力は逆にかなり劣るということを深刻に受け止めなければならないのではないだろうか。

　さらに，各産業の生産額シェアおよび逆行列係数について，全国の水準と北海道のそれとを比較したものが図7-1である。横軸方向には生産額シェアについて全国の数値から北海道の数値を差し引いてあるが，ゼロを基点としてマイナス方向にある産業は，北海道における生産額シェアが全国水準よりも高く，地域経済としてその産業に特化していることを示す。また縦軸方向

は，各産業の逆行列係数について全国の数値から北海道の数値を差し引いたものであり，これが上方にあるほどその産業の影響力が全国水準に比して小さい，ということを意味する。

　地域経済は全国のサブ・セクターであるから，逆行列係数の値が全国水準よりも小さいことは当然である。しかし，道内における需要が道内産業の生産活動をより強くプッシュするためには，特化している産業の逆行列係数がより大きいことが望ましいが，逆行列係数の全国平均値が1.944(90年値)であるのに対して，北海道でシェアの高い農林水産，食料品，建築土木，サービスの各産業はこれを大きく下回る。最もシェアの高いサービス業において90年の逆行例係数は1.318の水準でしかない。一方，逆行列係数の大きな自動車や電気機械を中心とした，製造業の各成長産業が北海道経済に占めるウェイトは非常に小さなものである[2]。

　70年代半ばから始まったわが国経済の脱工業化さらにはサービス化の過程で，産業構造の急速な転換が押し進められ，それが80年代末にかけての繁栄の基となったことはすでに明らかにした。そうして産業の高付加価値化・高度知識集約化が政府レベルの目標として掲げられ，多岐にわたる職業分布の大きな変化がみられた。これらの変化は，単に産業のシェアの変化としてみてとれるだけではなく，第3章では，産業部門間の相互依存関係の変化としてはっきりと確認することができた。

　全国のこれらの産業動向に較べて，その調整に著しく遅れをとってきた北海道経済が考慮しなければならない問題は，全国レベルの産業構造のミニチュア版として製造業関連企業の立地を策してシェアの拡大を求めることに終わらず，産業部門間の相互依存関係をより稠密なものとする方向への政策的展開であろう。第3章におけるもの部門とサービス部門の相互依存関係に関する分析を，北海道にも適用してみる。それは，通常の産業連関表を2部門に分割して各部門内部の産業連関および部門間の相互依存関係の大きさと変化をみる方法であった。今一度それらの定式化を記せば，

$$B = (I-A)^{-1} : もの部門内部の波及効果（もの部門内部乗数）$$

$B_1 = S_1(I-A)^{-1}$：もの部門の内部波及により直接必要とされるサービス投入

$B_2 = (I-A)^{-1}A_1$：サービス部門のもの投入が誘発するもの部門の内部波及

$T = (I-S)^{-1}$：サービス部門内部の波及効果(サービス部門内部乗数)

$T_1 = A_1(I-S)^{-1}$：サービス部門の内部波及により直接必要とされるもの投入

$T_2 = (I-S)^{-1}S_1$：もの部門のサービス投入が誘発するサービス部門の内部波及

$M = (I-T_2B_2)^{-1}T$：サービス部門の総波及効果

のごとくであり，第3章表3-3と対比できるように，北海道における数値を算出しまとめたものが表7-2である，ただし，B^*は，(3-3)式における逆行列係数の総和である。

　逆行列係数の総和や B の変化についてはすでに表7-1から予想されるところである。しかし，もの部門の内部波及により直接必要とされるサービス投入の大きさをあらわす B_1 については，北海道が全国水準よりも相当低いだけではなく，全国の動向とは逆にその影響力は低下している。さらに，サービス部門内部の波及効果も弱まり($\Delta T < 0$)，サービス部門の活動が北海道経済全体に及ぼす影響力(総波及効果)も低下している($\Delta M < 0$)ことは全国の動向と好対照である。就業構造および産出構造からみて，北海道のサービス部門は全国に比して高い水準で推移してきた。しかし，ウエイトの大きなサービス部門の産業波及効果が全国に比して著しく劣るものでありかつ低下し続けていることに注目しなければならない。このことは，北海道のサービス部門ともの部門との連携が不十分であり，サービス部門では低生産性の職業従事者がかなり多くの割合を占めていることを物語っているが，それは同時に，サービス部門の果たす役割を全国水準に引き上げることができる余地が残されており，地域の産業政策として考慮すべき課題であるともいえるのである。

表 7-2　もの部門とサービス部門の相互依存：北海道 1975, 1985, 1990 年（ただし，下段は全国の数値）

	1970年	1975年	1985年	1990年	75-85年の変化率(%)	75-90年の変化率(%)
B^*	41.806	41.414	40.107	38.122	−3.259	−8.635
		54.263	54.252	52.495	−0.021	−3.258
B	29.365	28.173	27.529	25.826	−2.339	−9.088
		36.540	36.040	34.353	−1.371	−5.988
B_1	3.383	3.579	3.286	3.398	−8.917	−5.327
		5.131	5.438	5.565	5.908	8.447
B_2	0.757	0.765	0.709	0.476	−7.898	−60.714
		1.351	1.239	1.013	−8.249	−24.976
T	6.848	7.244	7.211	7.200	−0.458	−0.611
		7.525	7.642	7.773	1.563	3.303
T_1	0.583	0.650	0.619	0.443	−5.008	−46.727
		0.992	0.981	0.842	−1.069	−15.153
T_2	3.130	3.434	3.103	3.367	−10.667	−1.990
		3.847	4.183	4.549	8.742	18.238
M	6.918	7.387	7.329	7.293	−0.791	−1.289
		7.854	7.973	8.073	1.519	2.795

注）　算出には，Matsumoto(1996)で組み直した 27 部門表を利用している。サービス部門は，本文中に定義した第 3 次産業から電気・ガス・水道を除き他方で印刷・出版を含む。もの部門は，それら以外の農林水産，第 2 次産業（鉱業，建設業，製造業）に電気・ガス・水道を加える（第 3 章注 11 を参照）。

7.3　むすびにかえて

　北海道における産業政策は，企業立地を中心としたもので，全国総合開発計画やテクノポリス構想など「国策」との連携が重視されてきた。北海道は，サービス部門（あるいは第 3 次産業）の活動ウエイトが，全国に比して大きく，サービス型職業のシェアも相対的に高く推移してきた。全国に較べて活動が低迷している「工業」＝製造業の振興は積年の課題である。これまでは，製造業の振興に，国家大型プロジェクトを中心に据えて計画したものが目立った。しかし，「苫小牧東部開発計画」をはじめ，政府の計画に依存した北海道の産業政策がいくつもとん挫してきた。

　国の財政も逼迫し，独立政府機関としての北海道開発庁も省庁再編により

国土交通省に統合された。いよいよ北海道が独自に，地域の産業政策を立案しなければならない正念場に立っているのである。そのような状況下の1997年3月，北海道はそれまでのものを改訂して新たな「北海道工業振興指針」を策定，発表した。「工業振興指針」の中心は，企業の立地・生産活動を活発にするために業種および地域を選定してさまざまな優遇措置を与える考え方・根拠を示すものである。優遇措置は，企業のセットアップ・コストを軽減するものである。具体的には，工場等の資産形成を促し，地元の雇用機会を創出するように誘導し，当該地域の経済を活性化しようというものである。その方法として「北海道企業立地促進条例」には，

税(主として固定資産取得税，固定資産税，事業税)の免除や軽減
貸付利子の補助
直接的補助金(雇用者1人当たりの補助金等)
間接的援助(研究・試験施設の補助，アドバイザーの派遣，共同研究開発等)

の手段がある。これらの助成は，

(1) 工場の新増設に関わる投資額を基準とする助成
(2) 製造業以外の施設の新増設に関わる投資額を基準とする助成
(3) 雇用増を基準とする助成

に大別される。助成は，業種が先端技術志向型であるほど，投資規模が大きいほど，雇用者数が多いほど手厚い。たとえば(1)において，投資規模，雇用増，業種の違いにより助成限度額は，10億円から3億円と開きがあり，また(2)においては，常時雇用する従業者に対する補助(助成)は，50万円／人であるが，研究員は100万円／人という具合であり，自然科学系の試験研究施設には，投資額の20%が20億円を限度として助成されるが，基本的には投資額や雇用の「規模」に比例的な助成がなされる性質を有している。

　企業立地を促進したい各自治体(北海道以外にも各市町村)では，自治体が

関与して造成した「工業団地」にこれら対象企業が立地することを望むことが一般的である。このような手法は，工業団地は特定業種の集積を促し進出企業の利益となると考えられるだけでなく，工業団地の造成それ自体も地域の雇用の確保につながることから，非常にポピュラーな手法である。しかし，新たに展開している産業・業種は，このような工業団地を必要としているだろうか。先端的で，ソフト化・サービス化した業種であるほど広い土地面積を必要としないだろうし，情報化時代に活躍する事業体は必ずしも同一業種の集積を必要とはしない。むしろ，工業団地を造成して新たに企業を誘致しようとする施策は，時代・社会の変化のスピードに取り残される結果を招くかもしれない。また，広い土地利用を想定した政策は工場や流通業のトラック・ヤード，倉庫などの誘致を期待していることになり，かえって，立地させるべき業種を限定的にしてしまうおそれもある。

　以上のように，「工業振興指針」は，「工業」に限定されてはいけないのである。助成の対象を施設などの「もの」や工業などの業種に限定せず，サービス業を含めた「人」に向けていかなければならない。経済のサービス化が進み，情報化が利益の発生源としての生産現場のウエイトを小さくし，人の移動を流動的なものにしている。公的助成の対象を人に向けて拡大してゆくということは，生産活動における固定的な要素よりも流動的な要素を重視することであり，自治体にとっては，それだけ助成資金回収のリスクが高まる。補助を受け取って能力を高めた「人」がその地域に縛られる理由はないからである。

　97年3月策定の「北海道工業振興指針」においても，助成の対象業種が拡大され，研究者を中心として「人」への補助に配慮がなされるようになった。しかし，そのことにより助成を決定する行政のリスク対応力の向上が要求されることになることをどれだけ意識しているのか，心許ない感が否めない。これまでは，助成を希望する企業の「担保」評価を金融機関に委ね，行政は手続きの上で財布の紐を握っているに過ぎないという面もあった。地方行政の行動原則は，「公平性」であるが，公平性を前面に押し出せば，助成資金の安全性が重視されるから，上に述べたような土地・資産に結びつけた

助成にウエイトがおかれてきたのであろう。しかし，どのように安全な助成先を求めたところで，社会・経済の変化がそれを保証しなかった多くの事例をわれわれは知っている。地域の産業活動を支援していくためには，公的な助成においても，リスク対応力を高めて対応することが必要となっている。

　これまでたびたび述べてきたように，工業化を通じて発展してきた戦後の日本経済は，70年代半ばに大きな転換点を迎え，ソフト化・サービス化が進展し続けている。北海道では製造業，なかでも投入・産出の連関度の高い各産業部門のウエイトが小さく，道内の需要が相当程度移入を通じて道外の生産活動に流出し，道内の付加価値を誘発するパワーに欠ける。その反面，全国に先がけてサービス部門が高いシェアを保ち，サービス型職業従事者が増加している。しかし，上の分析からは，サービス部門は高度化・高付加価値化に遅れ，経済全体に及ぼす影響力にも期待はずれのものがある。ただし，そのことはもの部門に偏重した工業開発の視点にこだわらず，サービス部門の生産性の改善や両部門の相互依存関係の強化といった要素をも考慮に入れた産業政策を考える必要があるということでもある[3]。

　このように，地域における産業政策では，「産業の連関(相互依存関係)」の視点が不可欠である。産業の連関に注目する場合，「もの部門」と「サービス部門」との有益な依存関係を忘れるべきではない。各部門内の特化による高度化だけではなく，組織の効率化の観点から，他部門への業務の外部化を積極的に考慮して資源の有効配分に努めなくてはならない。一般的にいえば，中長期的な経済構造の変化を正しく認識し，バラエティのある産業構造の構築，企業の育成に配慮すべきだろう。その際，「地域の雇用」の確保を過大に重視して不効率な産業構造や限界的な企業を温存する保守的な方向に走らず，地域の労働資源の効率的な配分や産業構造の改善に消極的にならないように注意しなくてはならないことはもちろんである。全国的に経済のソフト化・サービス化が進行する過程にあって，地域経済全体の発展を考える場合，もの部門およびサービス部門の両部門が相互依存を強めて，もの生産はもちろんサービス生産においても効率化・高付加価値化に貢献できるような資源配分の方向へ調整する施策がなされなくてはならないのである。

1) 最終需要が本州へ流出するため，北海道地域内の最終需要が生産活動に直結せず，道民所得は最終需要(純額)よりも約2割減である。
2) 当該産業の逆行列係数の列和を産業全体の平均で除したもの，すなわち，逆行列係数の列和／[逆行列係数の総和／産業部門数] をその産業の影響力係数と呼ぶが，一部の産業についてそれを示せば，表のごとくである。

表7-3 影響力係数(部分比較)

	北海道		全　国
	1970年	1990年	1990年
農林水産	0.891	0.982	0.862
食料品	1.197	1.233	1.063
木材・家具	1.197	1.172	1.067
電気機械	0.932	0.946	1.144
自動車	0.881	0.863	1.452
商業	0.852	0.929	0.751
サービス	0.937	0.933	0.865
もの部門平均	1.044	1.020	1.054
サービス部門平均	0.846	0.929	0.811

3) 「北海道企業立地促進条例」による助成の内容については，松本(1999)の付表参照。北海道では，「産業クラスター」運動が緒についている。戦略的な業種を選定し商品化の研究・開発に資源を重点的に投入して成功事例を種として次々とそれに関連した業種の開発へつなげようというもので，異業種にわたる企業の集積を目指している。筆者は，この運動を聞くにつけ，東大教授で第3代理化学研究所所長から理化学興業を創設し，後に発展して「理研コンツェルン」と呼ばれる企業群を育てた，大河内正敏のいった「芋蔓式経営」を思い出す。彼は，理化学研究所における発明を「工業化」し，生産・販売する組織として次々と企業を興した。といって，研究所は発明応用研究に特化して経済的果実を求める活動に偏したかというと，そうではない。湯川秀樹，朝永振一郎といったノーベル物理学賞受賞者が籍をおいた仁科芳雄研究室のような純粋理論の研究を重視し，戦後のわが国科学の振興に欠かせない人材を多数輩出したことでも知られているのである。

　北海道の産業クラスター運動が，産官学提携を標榜し，大学の研究室と結びついて新たな商品の開発へと展開することを目指すものであれば，理論研究を経済的果実へと結びつけるような，コーディネーターというよりはもっと積極的に，コンダクターの役割を果たす部分が不可欠であろう。この機能においても，高いリスク対応力が求められる。大河内正敏の場合は，教育者，研究者，監督者，そして企業経営者と多面にわたる能力を発揮して，理論的研究→発明→実験・応用→企業化・生産→販売，の各段階におけるリスクを評価し，対応した。その過程で芋蔓式に企業を興したのであるから，いわば，ベンチャー・ビジネスの先駆者であり，ベンチャー・キャピタルの

オーガナイザーでもあった。北海道における産業クラスター運動では，どの部分がこれらの機能を果たすことになるのだろうか。

　「芋蔓式経営」でも「産業クラスター」でも，目指すべきは業種のつながり，企業の集積であるが，それは担い手の立場からのみかたである。本章においても，産業の連関，互いの生産性の向上につながる相互依存関係が強調されているが，それは，「芋蔓式経営」や「産業クラスター」の理念をセミ・マクロの観点からサポートするものである。

参 考 文 献

邦文文献

経済企画庁調査局(1990),『日本経済の現況 平成2年版』大蔵省印刷局。
総務庁『国勢調査報告』(各年版)。
総務庁『労働調査年報』(各年版)。
通商産業省産業構造審議会(1971),『70年代の通商産業政策』通商産業省。
通商産業省産業構造審議会(1974),『産業構造の長期ビジョン』通商産業省。
通商産業省産業構造審議会(1980),『80年代の通商産業政策ビジョン』通商産業調査会。
通商産業省産業構造審議会(1981),『80年代の産業構造の展望と課題』通商産業調査会。
通商産業省産業政策局(1983),『産構法の解説』通商産業調査会。
通商産業省通商産業政策史編纂委員会(1990〜),『通商産業政策史』第1〜17巻,通商産業調査会。
通商産業省産業政策局(1996),『ソフトインダストリーの時代』通商産業調査会。
労働省(1988),『経済のサービス化とこれからの労働』大蔵省印刷局。
労働省『労働統計年報』(各年版)。

明石芳彦(1991),「経済サービス化・ソフト化の現状と概念・インパクト」,中野 安・明石芳彦編『経済サービス化と産業展開』東京大学出版会。
伊藤元重・大山道広(1985),『国際貿易』岩波書店。
伊藤元重・清野一治・奥野(藤原)正寛・鈴村興太郎(1984),「市場の失敗と補正的産業政策」,小宮隆太郎・奥野正寛・鈴村興太郎編『日本の産業政策』東京大学出版会。
伊藤元重・清野一治・奥野(藤原)正寛・鈴村興太郎(1988),『産業政策の経済分析』東京大学出版会。
井原哲夫(1979),『サービス経済学入門』東洋経済新報社。
井原哲夫(1992),『サービス・エコノミー』東洋経済新報社。
今井賢一(1984),「技術革新からみた最近の産業政策」,小宮隆太郎・奥野正寛・鈴村興太郎編『日本の産業政策』東京大学出版会。
岩崎 晃(1984),「合併・再編成」,小宮隆太郎・奥野正寛・鈴村興太郎編『日本の産業政策』東京大学出版会。
植草 益編(1995),『日本の産業組織』有斐閣。
上野裕也(1987),『競争と規制 現代の産業組織』東洋経済新報社。
植野 大(1997),「日本の経済成長率の下方屈折について」,『郵政研究所月報』郵政研究

所, 5月号(No. 104)。
大川一司・小浜裕久(1993),『経済発展論-日本の経験と発展途上国-』東洋経済新報社。
清野一治(1993),『規制と競争の経済学』東京大学出版会。
國則守生・高橋伸彰(1984),『設備投資と日本経済』東洋経済新報社。
黒田昌裕・吉岡完治・清水雅彦(1987),「経済成長:要因分析と他部門間波及」,浜田宏一・黒田昌裕・堀内昭義編『日本経済のマクロ分析』東京大学出版会。
香西 泰(1984),「復興期」,小宮隆太郎・奥野正寛・鈴村興太郎編『日本の産業政策』東京大学出版会。
後藤 晃(1993),「経済的自立と産業合理化政策」,香西 泰・寺西重郎編『戦後日本の経済改革-市場と政府-』東京大学出版会。
小林好宏(1988),『サービス化社会を読む眼』中央経済社。
小林好宏(1999),『サービス経済社会』中央経済社。
小林好宏・松本源太郎(1995),『経済政策論』中央経済社。
小宮隆太郎(1984),「序章」,小宮隆太郎・奥野正寛・鈴村興太郎編『日本の産業政策』東京大学出版会。
小宮隆太郎・奥野正寛・鈴村興太郎編(1984),『日本の産業政策』東京大学出版会。
坂井素思(1998),『経済社会の現代』放送大学教育振興会。
佐久間昭光(1998),『イノベーションと市場構造』有斐閣。
佐和隆光編(1990),『サービス化経済入門』(中公新書)中央公論社。
ジャックマン,A.著, 南部鶴彦・山下東子訳(1992),『新しい産業組織論』日本評論社(*The New Industrial Organization*, 1985)
庄田安豊(1981),「食料品産業の産業調整」,関口末夫編『日本の産業調整』日本経済新聞社。
新庄浩二(1984),「コンピュータ産業」,小宮隆太郎・奥野正寛・鈴村興太郎編『日本の産業政策』東京大学出版会。
新庄浩二・岩崎 晃・土井教之・井出秀樹(1990),『新・産業の経済学』昭和堂。
関口末夫(1981),「国際貿易と日本の流通組織」,関口末夫編『日本の産業調整』日本経済新聞社。
関口末夫(1981),「資源加工工業の産業調整」,関口末夫編『日本の産業調整』日本経済新聞社。
関口末夫・堀内俊洋(1984),「貿易と調整援助」,小宮隆太郎・奥野正寛・鈴村興太郎編『日本の産業政策』東京大学出版会。
武村昌介(1997),『産業と競争の経済分析』岡山大学経済学部。
田中直毅(1984),「アルミ精錬業」,小宮隆太郎・奥野正寛・鈴村興太郎編『日本の産業政策』東京大学出版会。
鶴田俊正(1982),『戦後日本の産業政策』日本経済新聞社。
東洋経済新報社(1999),『全図解 日本のシェアと業界地図』東洋経済新報社。
中野 安・明石芳彦編(1991),『経済サービス化と産業展開』東京大学出版会。

中村太和(1996),『民営化の政治経済学』日本経済評論社。
野田　孜編著(1989),『サービス経済の基礎分析』御茶の水書房。
羽田昇史(1988),『サービス経済論入門』同文舘出版。
羽田昇史(1998),『サービス経済と産業組織』同文舘出版。
福田義孝(1991),「就業・雇用構造からみた経済サービス化」,中野　安・明石芳彦編『経済サービス化と産業展開』東京大学出版会。
藤原賢哉(1999),「金融政策・規制に関するルールと裁量の問題について」,『調査研究レポート』郵政省貯金局。
松本源太郎(1997a),「英国経済のサービス化」,専修大学社会科学研究所研究会原稿(未公刊)。
松本源太郎(1997b),「脱工業化と経済成長―英国経済を中心に―」,『経済と経営』札幌大学経済学会,第28巻第3号。
松本源太郎(1998),「サービス化経済への分析視点」,『経済学研究』北海道大学,第47巻第4号。
松本源太郎(1999),「北海道における経済構造の変化と地域の産業政策」,『経済と経営』札幌大学経済学会,第30巻第1号。
南　亮進(1981),『日本の経済発展』東洋経済新報社。
宮沢健一(1975),『産業の経済学』東洋経済新報社。
武藤博道(1984),「自動車産業」,小宮隆太郎・奥野正寛・鈴村興太郎編『日本の産業政策』東京大学出版会。
柳川範之(1998),『戦略的貿易政策』有斐閣。
山澤逸平(1984),「繊維産業」,小宮隆太郎・奥野正寛・鈴村興太郎編『日本の産業政策』東京大学出版会。
横倉　尚(1984),「中小企業」,小宮隆太郎・奥野正寛・鈴村興太郎編『日本の産業政策』東京大学出版会。
米倉誠一郎・島本　実(1998),「競争と計画の調整:揺籃期のコンピュータ産業と通産官僚(平松守彦)」,伊丹敬之・加護野忠男・宮本又郎・米倉誠一郎編「日本企業の経営行動」1『日本的経営の生成と発展』有斐閣。
米沢義衛(1981a),「繊維産業の産業調整」,関口末夫編『日本の産業調整』日本経済新聞社。
米沢義衛(1981b),「造船業の産業調整」,関口末夫編『日本の産業調整』日本経済新聞社。
米沢義衛(1993),「経済的自立と産業合理化政策」,香西　泰・寺西重郎編『戦後日本の経済改革-市場と政府-』東京大学出版会。

欧文文献

Applebaum, E. and P. Albin (1990), "Shift in Employment, Occupational Structure, and Educational Attainment", Noyelle, T. ed., *Skills, Wages, and Productivity in the Service Sector*, Boulder, Col.: Westview.

Arestis, Philips and Malcom M. Sawyer (1999), "The macroeconomics of industrial strategy", Cowling, Keith, eds., *Industrial Policy in Europe : Theoretical perspectives and practical proposals*, London : Routledge.

Audretsch, David B., Luuk Klomp and Roy Thurik (1999), "Do services differ from manufacturing? The post-entry performance of firms in Dutch services", Audretsch, David B. and Roy Thurik, eds., *Innovation, Industry Evolution, and Employment*, Cambridge : Cambridge University Press.

Bacon, R. W. and W. A. Eltis (1976), *Britain's Economic Problem : Too Few Producers*, London : Macmillan.

Bain, Joe S. (1956), *Barriers to New Competition*, Cambridge Mass. : Harvard University Press.

Bain, Joe S. (1968), *Industrial Organization*, New York : John Wiley & Sons, Inc.

Barron, David P. (1973), "Limit Pricing, Potential Entry, and Barriers to Entry", *American Economic Review*, Vol. 63, Sep. : 666-74.

Bean, Charles (1987), "The Impact of North Sea Oil", Dornbusch, Rudiger and R. Layard, eds., *The Performance of the British Economy*, Oxford : Clarendon Press.

Bell, D. (1973), *The Coming of Post Industrial Society*, New York : Basic Books.

Bhagwati, Jagdish N. (1970), "Oligopoly theory, Entry-Prevention, and Growth", *Oxford Economic Papers*, Vol. 22, Nov. : 297-310.

Blackaby, Frank, ed. (1979), *De-industrialisation*, National Institute of Economic and Social Research, Aldershot : Heinemann Educational.

Blackaby, F. (1979), "Introduction", Blackaby, Frank ed., *De-industrialisation*, National Institute of Economic and Social Research, Aldershot : Heinemann Educational.

Carliner, G. (1986), "Industrial Policy for Emerging Industries", Krugman, P., ed., *Strategic Trade Policy and the New International Economics*, Cambridge, Mass. : The MIT Press.

Carree, Martin and Roy Thurik, "Industrial structure and economic growth", Audretsch, David B. and Roy Thurik, eds., *Innovation, Industry Evolution, and Employment*, Cambridge : Cambridge University Press.

Chatterji, M. and M. R. Wickens (1983), "Verdoorn's Law and Kaldor's Law : A Revisionist Interpretation", *Journal of Post-Keynesian Economics*, Vol. 5 : 397-413.

Cowling, Keith (1990), "The strategic approach to economic and industrial policy", Cowling, Keith and R. Sugden, eds., *A New Economic Policy for Britain : Essays on the development of industry*, Manchester : Manchester University Press.

Cowling, Keith, ed. (1999), *Industrial Policy in Europe : Theoretical perspectives and practical proposals*, London : Routledge.

Cowling, Keith and R. Sugden (1987), *Transnational Monopoly Capitalism*, Brighton : Wheatsheaf Books.
Cowling, Keith and R. Sugden (1999), "A reorientation of industrial policy ? Horizontal policies and targeting", Cowling, Keith, ed., *Industrial Policy in Europe : Theoretical perspectives and practical proposals*, London : Routledge.
Crafts, N. F. R. (1991), "Economic Growth", Crafts, N. F. R. and N. Woodward, eds., *The British Economy Since 1945*, Oxford : Clarendon Press.
Crafts, N. F. R. (1993), *Can De-Industrialisation Seriously Damage Your Wealth ?*, London : Institute of Economic Affairs.
Crafts, N. F. R. and N. Woodward, eds. (1991), *The British Economy Since 1945*, Oxford : Clarendon Press.
Crafts, N. and N. Woodward (1991), "The British Economy since 1945 : Introduction and Overview", in Crafts, N. F. R. and N. Woodward, eds., *The British Economy Since 1945*, Oxford : Clarendon Press.
Curwen, Peter (1990), *Understanding the UK Economy*, London : Macmillan.
Daniels, P. W. (1993), *Service Industries in the World Economy*, Oxford : Blackwell.
Dornbusch, Rudiger and R. Layard, eds. (1987), *The Performance of the British Economy*, Oxford : Clarendon Press.
Dunkerley, J. and P. G. Hare (1991), "Nationalized Industries", in Crafts, N. F. R. and N. Woodward, eds., *The British Economy Since 1945*, Oxford : Clarendon Press.
Federico, Giovanni and James Foreman-Peck (1999), "Industrial Policies in Europe : Introduction", Foreman-Peck, James and Giovanni Federico, eds., *European Industrial Policy : The Twentieth-Century Experience*, Oxford : Oxford University Press.
Foreman-Peck, J. (1991), "Trade and the Balance of Payments", in Crafts, N. F. R. and N. Woodward, eds., *The British Economy Since 1945*, Oxford : Clarendon Press.
Freeman, C. (1982), *The Economics of Industrial Innovation*, London : Frances Pinter.
Fuchs, Victor R. (1968), *The Service Economy*, New York : NBER.(江見 康一訳『サービスの経済学』日本経済新聞社(1974))
Gaskins, Darius W. Jr. (1971), "Dynamic Limit Pricing : Optimal Pricing under Threat of Entry", *Journal of Economic Theory*, Vol. 3, Sep. : 306–22.
Hillman, Arye L. (1982), "Declining Industries and Political-Support", *American Economic Review*, Vol. 72, Dec. : 1180–87.
HMSO (1991), *KEY DATA*, yearly edition.
House of Lords (1985), *Report from the Select Committee on Overseas Trade*, HMSO.
House of Lords (1991), *Report from the Select Committee on Science and Technology*, HMSO.
Illeris, Sven (1996), *The Service Economy : A Geographical Approach*, Chichester :

John Wily & Sons.

Kaldor, N. (1966), *Causes of the Slow Rate of Growth of the United Kingdom*, London: Cambridge University Press.

Kamien, Morton I. and Nancy L. Schwartz (1971), "Limit Pricing and Uncertain Entry", *Econometrica*, Vol. 39, May: 441-54.

Kemp, M. C. (1960), "The Mill-Bastable Infant-Industry Dogma", *Journal of Political Economy*, Vol. 8: 65-67.

Kemp, M. C. (1964), *The Pure Theory of International Trade*, Englewood Cliffs: Prentice-Hall.

Krugman, Paul R. (1991), "History versus Expectations", *Quarterly Journal of Economics*, Vol. 106, May: 651-67.

Kydland, F. and E. Prescott (1977), "Rules Rather than Discretion: The Inconsistency of Optimal Plans", *Journal of Political Economy*, Vol. 85, June: 473-90.

Lucas, R. E. (1988), "On the Mechanics of Economic Development," *Journal of Monetary Economics*, Vol. 22: 3-42.

Maddison, A. (1989), *The World Economy in the Twentieth Century*, Paris: OECD.

Maddison, A. (1991), *Dynamic Forces in Capital Development*, Oxford: Oxford University Press.

Matsumoto, Gentaro (1977), "On the Theory of the Entry-Preventing Price as an Optimal Pricing Strategy", *Hokudai Economic Papers*, Vol. 6: 25-34.

Matsumoto, G. (1992), "The work of the Ministry of International Trade and Industry", in Cowling, Keith and Roger Sugden, eds., *Current issues in industrial economic strategy*, Manchester: Manchester University Press.

Matsumoto, G. (1996), "Deindustrialization in the UK: a comparison analysis with Japan", *International Review of Applied Economics*, Vol. 10, No. 2: 273-87.

Miyazawa, Kenichi (1975), *Input-Output Analysis and Structure of Income Distribution*, Berlin: Springer-Verlag.

Modigliani, Franco (1958), "New Development on the Oligopoly Front", *Journal of Political Economy*, Vol. 66, June: 215-32.

Osborne, Dale K. (1964), "The Role of Entry in Oligopoly Theory", *Journal of Political Economy*, Vol. 72 Aug.: 396-402.

Pashigian, Peter (1968), "Limit Price and the Market Share of the Leading Firm", *Journal of Industrial Economy*, Vol. 16-17, July: 165-77.

Pyatt, G. and J. I. Round (1979), "Accounting and fixed price multipliers in a social accounting matrix framework", *Economic Journal*, Vol. 89: 850-73.

Robinson, E. A. (1958), *The Structure of Competitive Industry*, Cambridge: Cambridge University Press.

Romer, P. M. (1986), "Increasing Returns and Long-run Growth," *Journal of Political*

Economy, Vol. 94 : 1002-37.

Round, J. I. (1989), "Decomposition of input-output and economy-wide multipliers in a regional setting", in Miller, R. E., K. R. Polenske and A. Z. Rose, eds., *Frontiers of Input-Output Analysis*, Oxford : Oxford University Press.

Rowthorn, R. E. and J. R. Wells (1987), *De-industrialization and Foreign Trade*, London : Cambridge University Press.

Sargent, J. R. (1979), "UK Performance in Services", Blackaby, F., ed., *De-industrialisation*, National Institute of Economic and Social Research, Aldershot : Heinemann Educational.

Scherer, F. M. (1970), *Industrial Market Structure and Economic Performance*, Chicago : Rand McNally College.

Shinohara, Miyohei (1982), *Industrial Growth, Trade, and Dynamic Patterns in the Japanese Economy*, University of Tokyo Press.

Solow, R. M. (1957), "Technical Progress and Productivity Change", *Review of Economic and Statistics*, Vol. 39, Aug. : 312-20.

Stout, D. K. (1979), "De-industrialisation and industrial policy", Blackaby, F., ed., *De-industrialisation*, National Institute of Economic and Social Research, Aldershot : Heinemann Educational.

Sylos Labini, Paolo (1962), *Oligopoly and Technical Progress*, Harvard University Press.

Thatcher, A. R. (1979), "Labour Supply and Employment Trends", Blackaby, F., ed., *De-industrialisation*, National Institute of Economic and Social Research, Aldershot : Heinemann Educational.

Tornell, Aron (1991), "Time Inconsistency of Protectionist Programs", *The Quarterly Journal of Economics*, Vol. 106, Issue 3 : 963-74.

Waterson, Michel (1984), *Economic Theory of the Industry*, Cambridge : Cambridge University Press.

索　引

ア　行

アウトソーシング　60
伊藤元重　109
糸へん・金へん産業　122
井原哲夫　3
芋蔓式経営　186
植野　大　9
エネルギー革命　152
江見康一　2
円滑化法　162
大川一司　78
大河内正敏　186
奥野(藤原)正寛　109

カ　行

外貨の割当　114
外国為替及び外国貿易管理法(外為法)　110
外資に関する法律(外資法)　110
外資法　110
外為法　110
外部乗数マトリックス　63
価格差補給金　111
加工型貿易立国　111
過剰設備の廃棄(格納)　154
過当競争　128
過当競争の防止　109, 114
川崎製鉄　115
関税　144
間接部門　77
間接部門職業　79
官民協調主義　114, 117
官民協調方式　120
機械工業振興臨時措置法　115
基幹産業　19
行政指導　111
共同行為　155
清野一治　109
金銭的誘因　110
國則守生　49
黒田昌裕　20

サ　行

経営資源活用新事業　165
経済成長追求から経済成長活用型へ　118
経済のサービス化　3, 6, 20
経済の成熟化仮説　29
傾斜金融　113
傾斜減税　113
傾斜生産方式　111
軽薄短小型業種　74
原局　122
鉱工業技術研究組合法　125
合成繊維育成5カ年計画　113
構造不況業種対策の推進　155
高度知識集約化　48
合理化カルテル　110
国際競争力の強化　109, 111
国際相対価格　145
国勢調査　77
国民車構想　116
小浜裕久　78
小林好宏　3, 15
小宮隆太郎　109
雇用保険法　157

財貨(visible goods)　32
財貨型職業　77, 79
最終需要マトリックス　61
最小最適規模　129
坂井素思　6
サッチャー時代　24
サービス(invisible goods)　32
サービス型職業　77, 79
サービス化と産業連関　61
サービス経済化　6
サービス生産に対する需要者の参加　16
サービス部門　3, 49
サービス部門内部乗数　62
佐和隆光　3
産業育成政策　107
産業活力再生特別措置法(産業再生法)　163
産業基盤整備基金　162

産業クラスター　187
産業効果　95
産業構造転換円滑化臨時措置法(円滑化法)　162
産業再生法　163
産業再編成　117
産業調整援助政策　142, 149, 152
産業転換投資促進制度　127
産業の近代化　128
産業の(工業の)空洞化　29
産業の高付加価値化　48
産業部門間の相互依存関係　180
産業連関表　61
産構法　157
産出マトリックス　61
産職マトリックス　76, 82
三大改革　111
産炭地域振興事業団　153
産炭地域振興臨時措置法　153
参入阻止価格　129
事業革新　164
事業革新法　162
自主調整　115
自然成長率　52
失敗仮説　33
自動車産業の集約化構想　117
資本装備率　10
島本　実　127
清水雅彦　20
事務職業　75
重厚長大型業種　74
需要の所得弾力性　11
職業効果　95
職業類型別就業者数　82
職種の変化　74
所得弾力性基準　113
新産業体制論　117
新庄浩二　11, 126
新特離法　157
信用保証基金　162
スクラップ・アンド・ビルド　154
鈴村興太郎　109
ストックオプション　165
政策の時間的非整合性　167
生産可能性曲線　60
生産と需要の同時性　16
成熟化仮説　48

成熟段階　21
製造業とサービス業の相互依存関係　8
政府部門の肥大化　35
政府部門の肥大化仮説　35
関口末夫　154
石油化学工業の育成　113
積極的産業調整政策(PAP)　160
繊維工業設備等臨時措置法(繊維新法)　154
繊維工業設備臨時措置法(繊維旧法)　154
全国総合開発計画　182
潜在的競争者　134
専門職業　75
全要素生産性　10, 27
相互依存関係　63
創造的技術集約型産業構造　124
総波及効果　63
ソフト化・サービス化　74

タ 行

高橋伸彰　49
武村昌介　6
脱工業化　20, 21
脱工業化社会　5, 51
炭鉱離職者臨時措置法　153
知識集約型産業　74
秩序ある競争　117
知的財産権　166
中小企業信用保険法　163
超LSI開発プロジェクト　126
長期的な比較生産性基準　113
調整援助政策　107, 152
直接部門　77
直接部門職業　79
賃金・所得の二極化　104
鶴田俊正　107, 136
テクノポリス構想　182
電子計算機の固定資産税の軽減　127
電子計算機の特別償却制度　127
電子工業振興臨時措置法(電振法)　115, 125
動学的規模の経済性　11
動学的規模の経済性基準　113
投入係数マトリックス　61
特安法　155
特需景気　112
独占禁止法　110
特定産業構造改善臨時措置法(産構法)　157
特定産業振興臨時措置法(特振法)　117

索　引　199

特定繊維工業構造改善臨時措置法　154
特定繊維工業設備臨時措置法　154
特定不況業種離職者臨時措置法(特離法)　157
特定不況産業安定臨時措置法(特安法)　120, 155
特定不況産業信用基金　156
特定不況地域中小企業対策臨時措置法　157
特化仮説　31
苫小牧東部開発計画　182

ナ　行

内部波及率　71
なだらかな終閉山　153
なだれ閉山　153
ニクソン・ショック　155
日本開発銀行　110
日本電子工業振興協会　125
日本輸出入銀行　110
ネガティブな脱工業化　6, 30, 54

ハ　行

羽田昇史　15
販売職業　75
非貯蔵性　15
不可逆性　16
不況カルテル　110
復興金融公庫　110, 111
プラザ合意　101
プロラタ方式　156
ペティ=クラークの法則　19
変動相場制　155
変動相場制への移行期　123
保安・サービス職業　75
ポジティブな脱工業化　30, 54
補助金　144
北海道開発庁　182
北海道工業振興指針　183
堀内俊洋　154
ホンダ　116

マ　行

宮沢健一　6
ミル=バステーブル　146
無形性　15
もの部門内部乗数　62

ヤ　行

有効競争論　117
輸出代替　78
輸入浸透　29
輸入数量制限　144
輸入代替　53
幼稚産業　113
幼稚産業保護の理論　141
吉岡完治　20
米倉誠一郎　127
米沢義衛　154

ラ　行

理研コンツェルン　186
リスクマネー　165
労働生産性　10
労働力の職業間移動　75

ABC順

Bacon, R. W.　35
bad jobs　176
Bastable, C. F.　146
Bell, D.　5
Blackaby, F.　58
Cowling, K.　122
Crafts, N. F. R.　43, 53
Eltis, W. A.　35
FONTACプロジェクト　125
Freeman, C.　34
Fuchs, V. R.　2
Gaskins, D. W. Jr.　131
Illeris, S.　50, 176
JECC　125
Kaldor, N.　37, 53
Kamien, M. I.　131
Kemp, M. C.　148
Krugman, P. R.　152
Kydland, F.　168
Lucas, R. E.　143
Maslow, A. H.　19
Matsumoto, G.　22, 49
Mill, J. S.　146
Miyazawa, K.　49
Prescott, E.　168
R&D支出　34
Romer, P. M.　143

Rowthorn, R. E.   6, 23, 37
Sargent, J. R.   42
Schwartz, N. L.   131
Shinohara, M.   118, 121
Thatcher, A. R.   36

TLO（大学の技術移転機関）   166
Tornell, A.   169
Verdoorn's Law   25
Wells, J. R.   6, 23, 37
Woodward, N.   43

松本源太郎（まつもと げんたろう）

1948年　北海道苫前町に生まれる
1971年　札幌大学経済学部卒業
1975年　北海道大学大学院経済学研究科博士課程修了
　　　　北海道大学経済学部助手，札幌大学経済学部講師，同助教授を経て
現　在　札幌大学経済学部教授（経済政策論）
　　　　経済学博士（北海道大学）
主　著　『経済政策論』(小林好宏教授との共著)中央経済社，1995年。
　　　　"The work of the Ministry of International Trade and Industry", K. Cowling and R. Sugden, eds. *Current issues in industrial economic strategy*, (1992).
　　　　"Deindustrialization in the UK: a comparison analysis with Japan", *International Review of Applied Economics*, (1996).

経済のサービス化と産業政策
2001年7月10日　第1刷発行
2006年4月25日　第2刷発行

著　者　　松　本　源太郎
発行者　　佐　伯　　　浩
発行所　　北海道大学出版会
札幌市北区北9条西8丁目北海道大学構内（〒060-0809）
tel.011(747)2308・fax.011(736)8605・http://www.hup.gr.jp/

岩橋印刷㈱／石田製本　　　　　　　　　© 2001　松本源太郎

ISBN4-8329-6191-8

ストック経済のマクロ分析 ―価格・期待・ストック―	久保田義弘 著	A5・342頁 定価6000円
経済学方法論の形成 ―理論と現実との相剋 1776-1875―	佐々木憲介 著	A5・362頁 定価6200円
ドイツ・ユニバーサルバンキングの展開	大矢 繁夫 著	A5・270頁 定価4700円
ドイツ証券市場史 ―取引所の地域特性と統合過程―	山口 博教 著	A5・328頁 定価6300円

＜定価は消費税を含まず＞

北海道大学出版会